Inhalt

Baden-Baden auf einen Blick

0 — 300 m
© Reise Know-How 2021

☐ *Seit Mitte des 19. Jh. leuchten die Gaslampen vor dem Kurhaus. Sie werden Tag für Tag per Hand angezündet (Foto: 001bb-gs).*

Liebe Leserinnen und Leser,

die Inhalte aus diesem CityTrip wurden detailliert recherchiert und gewissenhaft kontrolliert. Allerdings bringt die Corona-Pandemie manche Unwägbarkeiten mit sich – auch in Baden-Baden. Da bis zum Redaktionsschluss noch nicht im Detail absehbar war, wie sich diese Krise auf das wirtschaftliche, kulturelle und soziale Leben in der Stadt auswirken wird, kann es unter Umständen passieren, dass einzelne im Buch aufgeführte Angebote, insbesondere im gastronomischen Bereich, nur noch eingeschränkt oder gar nicht mehr existieren.

Trotz dieser Unwägbarkeiten soll der CityTrip Baden-Baden stets auf dem aktuellsten Stand sein. Deshalb bitten wir Sie, den Verlag über mögliche Veränderungen zu informieren, damit wir sie über die Update-Funktion zum Buch (s. S. 143) allen Nutzern bereitstellen können.

Vielen Dank!

Zeichenerklärung

★★★ nicht verpassen
★★ besonders sehenswert
★ wichtig für speziell interessierte Besucher

[A1] Planquadrat im Kartenmaterial. Orte ohne diese Angabe liegen außerhalb unserer Karten. Ihre Lage kann aber wie die von allen Ortsmarken mithilfe der begleitenden Web-App angezeigt werden (s. S. 143).

Updates zum Buch

www.reise-know-how.de/citytrip/baden21

Vorwahlen

- für Deutschland: 0049
- für Baden-Baden: 07221

Schon die Römer nutzten die Heilkraft der heißen Quellen Baden-Badens. Thermen wie das Friedrichsbad (s. S. 41) oder die Caracalla Therme (s. S. 42) laden auch heute Tag für Tag zu immer neuen Badefreuden. Glücksritter lockt das mondäne Spielcasino im Kurhaus (s. S. 19). Außerdem punktet die Stadt mit renommierten Museen wie der Staatlichen Kunsthalle (s. S. 29) oder dem Museum Frieder Burda (s. S. 31), die mit wechselnden Ausstellungen überraschen. Im Festspielhaus (s. S. 16) sind außerdem die Großen der Musikwelt Jahr für Jahr Garanten dafür, dass auch unter den Stammgästen nie Langeweile aufkommt.

Kurviertel

Kurhaus, Trinkhalle, Casino und Theater, dazu eine kleine Ladenstraße, in der heute das Tourismusbüro seinen Sitz hat, sind Kern eines historischen Ensembles, das schon bald zum Weltkulturerbe gehören könnte (s. S. 114).

MerkurBergbahn

Die generalüberholte und neu gestylte Standseilbahn bringt Besucher bequem auf Baden-Badens Hausberg, den Merkur. Mutige gleiten bei schönem Wetter im Gleitschirm-Tandemflug ins Tal zurück (s. S. 54).

Panoramaweg

Deutschlands frisch gekürter schönster Wanderweg führt in vier Etappen rund um die Stadt. Die knapp 45 Kilometer lange, manchmal schweißtreibende Strecke belohnt den Wanderer mit einmaligen Aussichten (s. S. 52).

002bb-gs

Günter Schenk

CITY|TRIP

BADEN-BADEN

Nicht verpassen!

Karte S. 3

1 Festspielhaus [C2]

Die weltbesten Orchester und Opernensembles sind hier ebenso zu Gast wie Rock- und Popstars. Führungen erlauben einen Blick hinter die Kulissen eines der größten Theater in Europa (s. S. 16).

3 Kurhaus und Casino [D4]

Seit mehr als einhundert Jahren sind sie das Wahrzeichen der Kurstadt und bilden eine mondäne Kulisse von weltstädtischer Eleganz, die ihren ganzen Glanz vor allem abends entfaltet (s. S. 19).

5 Lichtentaler Allee [F7]

Die Lichtentaler Allee ist eine lange Promenade mit großer Geschichte: Heute säumen die schönsten Museen und teuersten Hotels der Stadt den Weg. Stilvoll entdeckt man die traditionsreiche Allee mit der Pferdekutsche (s. S. 26).

8 Museum Frieder Burda [D4]

Moderne Kunst in einem zeitgenössischen Museumsbau – jährlich wechselnde Ausstellungen von Rang locken Kunstfreunde aus aller Welt (s. S. 31).

10 Kloster Lichtenthal [cg]

Das Kloster ist eine Oase der Stille im Südosten der Stadt mit alter Kirche, modernem Klosterladen, gemütlichem Café und Gästehaus. Wer mag, kann täglich mit den Nonnen beten (s. S. 34).

16 Friedrichsbad [E3]

Baden-Badens älteste Therme ist ein Mekka textilfreien Badens und eine Oase der Entspannung, seit 1877 gespeist von heißen Quellen (s. S. 41).

27 Merkur [df]

Baden-Badens Hausberg verzaubert mit seinem Rundblick von den Vogesen bis zu den Schwarzwaldhöhen. Für eine bequeme Anfahrt sorgt eine der längsten deutschen Standseilbahnen (s. S. 54).

28 Schloss Favorite [Umgebung]

Ein Schloss wie aus dem Märchenbuch! Vor den Toren der Kurstadt haben die barocken Träume der Markgräfin Sibylla Augusta Gestalt angenommen (s. S. 55).

38 Nationalpark Schwarzwald (Besucherzentrum Ruhestein) [Umgebung]

Die neue Informationsstelle auf den Schwarzwaldhöhen ist auch architektonisch ein Hingucker. Ihre Krönung ist ein 34 Meter hoher Aussichtsturm (s. S. 73).

Leichte Orientierung mit dem cleveren Nummernsystem

Die Sehenswürdigkeiten sind im Text und im Kartenmaterial mit derselben **magentafarbenen ovalen Nummer** 1 markiert. Alle anderen Lokalitäten wie Geschäfte, Restaurants usw. tragen ein **Symbol und eine fortlaufende rote Nummer** (1). Die Liste aller Orte befindet sich auf Seite 140, die Zeichenerklärung auf Seite 142.

BADEN-BADEN ENTDECKEN

Willkommen in Baden-Baden

Baden-Baden ist immer einen Besuch wert: zu jeder Jahreszeit und fast an jedem Tag. Für viele ist die Stadt auch heute noch eine Oase für Körper, Geist und Seele, ein Mekka unbeschwerten Lebens, verschönert von Theater-, Casino- und Museumsbesuchen und gekrönt von entspannten Stunden in den Thermen. Selbst der Wettergott ist in Baden-Baden häufig auf der Seite des Reisenden. So hat auch der Winter vor den Toren des Schwarzwaldes seine ausgesprochenen Sonnenseiten.

Weil die wichtigsten Sehenswürdigkeiten eng beieinander liegen, erobert man Baden-Baden am besten **zu Fuß.** Eine gute Viertelstunde dauert es, den Stadtkern von West nach Ost zu queren, vom Kurhaus 3 bis zur Caracalla Therme 17. Und auch von Nord nach Süd, vom Festspielhaus 1 bis zum Kloster Lichtenthal 10, ist man weniger als eine Stunde unterwegs. Dabei ist die Oos meist Richtungsanker, das kleine Flüsschen, an dessen Ufern die Menschen seit Jahrhunderten siedeln. Links der Oos befinden sich das Festspielhaus, Kurhaus, Casino und Theater 4, von dem die Lichtentaler Allee 5 Richtung Schwarzwald führt. Die nach Nordosten ansteigende Altstadt mit ihren Sehenswürdigkeiten findet sich rechts der Oos.

Bis auf ein paar Feiertage und gewöhnlich montags stehen die meisten Besucherattraktionen der Kurstadt, allen voran die Museen, immer offen. Da sich die wichtigsten direkt in Baden-Baden befinden, braucht man in der Stadt eigentlich kein Auto. Wer jedoch die wirklich sehenswerte Umgebung – das **Rebland** 33 mit seinen Gasthöfen und Weingütern, die Schwarzwaldhochstraße mit ihren Besuchermagneten wie dem **Nationalparkzentrum auf dem Ruhestein** 38 oder dem **Mummelsee** 37, die Barockschlösser **Rastatts** 30 oder auch das benachbarte **Elsass** – erkunden will, ist mit dem Pkw gut dran.

Baden-Baden hat keine Weltattraktion, die jeder einmal in seinem Leben gesehen haben muss. Was die Kurstadt am Schwarzwaldrand seit Jahrhunderten aber so anziehend macht, ist ihr Flair. Ein mondänes Kurhaus und eine liebenswerte Altstadt sind ihr Markenkern. Dazu kommen die Reste römischer Thermen, ein Hausberg namens **Merkur** 27 mit einmaligem Rundblick, eine **mittelalterliche Höhenburg** (Altes Schloss 25), Renaissance-Prunkbauten wie das **Neue Schloss** 20, barocke Kirchen und moderne Musentempel. In der einstigen Sommerhauptstadt Europas, wie man die Stadt im 19. Jahrhundert etikettierte, zählt das Ambiente und fasziniert die Kulisse. Mit mehr als 55.000 Einwohnern ist Baden-Baden zudem kein urbaner Moloch, sondern bleibt immer überschaubar.

[<] Vorseite: Traumblick von der Schlossterrasse 20: Die Stiftskirche 19 mit ihrem mächtigen Turm dominiert Baden-Badens Stadtbild.

[>] Der Augustaplatz 11 – im Hintergrund die Evangelische Stadtkirche – lädt mitten in der Stadt zum Entspannen ein

003bb-gs

Baden-Baden an einem Tag

„Baden-Baden an einem Tag" ist für die meisten Besucher Realität. Sie kommen in der Regel nur für eine Stippvisite in Deutschlands mondänste Kurstadt, bummeln durch die Altstadt und werfen einen Blick ins Casino und das eine oder andere Museum. Viele kommen auch nur zum Einkaufsbummel oder zum Baden in einer der Thermen, dabei gibt es im Tal der Oos viel mehr zu entdecken. So laden jahrhundertealte Kirchen ebenso zur Besichtigung wie das Festspielhaus. Vor allem verdient auch das Umland Beachtung, in dem es sich lohnt, zu wandern und zu schauen, am besten vom Panoramaweg (s. S. 52) aus, der 2020 vom Deutschen Wanderinstitut zum schönsten Weitwanderweg gekürt wurde.

Die meisten Sehenswürdigkeiten ballen sich auf engstem Raum. Vom einen ins nächste Museum, vom Spielcasino in die Therme, von der mittelalterlichen Kirche ins neuzeitliche Schloss sind es meist nur ein paar Fußminuten. Da braucht es weder Bus noch Bahn. Einkaufsbummler kommen rund um den Leopoldsplatz 12 auf ihre Kosten. Und was die Entdeckungstouren so attraktiv macht: Der Stadtkern ist zu einem Großteil autofrei!

Zu den wichtigsten Sehenswürdigkeiten gehören das **Kurhaus** 3 mit dem vielleicht schönsten **Casino** der Welt, das **Theater** 4 in der Nachbarschaft und die sich anschließenden Musentempel: das **Museum LA8** 6 für Kunst und Technik des 19. Jahrhunderts und die **Staatliche Kunst-**

halle 7, die über eine Glasbrücke mit dem modernen **Museum Frieder Burda** 8 verbunden ist. Von dort kann der Besucher vorbei am **Stadtmuseum** 9 bis zum **Kloster Lichtenthal** 10 die **Lichtentaler Allee** 5 entlangspazieren. Immer interessant ist auch eine Visite im **Festspielhaus** 1, das im Rahmen von Führungen einen Blick hinter die Kulissen des Theaterbetriebs erlaubt.

Ansonsten ist es die **Altstadt**, die besonders fasziniert: ein Ensemble aus engen Gassen, steilen Treppen und kleinen Plätzen, deren Läden, Cafés und Restaurants viel Gelassenheit verströmen. Unter den Gotteshäusern verdient die **Stiftskirche** 19 einen Besuch, ein spätgotisches Juwel, das derzeit gründlichst renoviert wird. Nur ein paar Fußminuten weiter finden sich neben den Resten **römischer Badeanlagen** 15 auch die beiden wichtigsten Thermen der Stadt, das textilfreie **Friedrichsbad** 16 und die **Caracalla Therme** 17. Wer all diese Annehmlichkeiten und Schönheiten aber nicht nur abhaken will, sollte mindestens noch einen oder zwei Tage länger bleiben, zumal es auch im Hinterland der Stadt einiges zu entdecken gibt. Ein erlebnisreicher Stadtspaziergang findet sich auf Seite 14.

Fast jeden Vormittag steht das Casino 3 zur Besichtigung offen und die Spieltische laden zum Fotografieren ein. Abends ist das verboten!

Baden-Badens Aushängeschild: das Kurhaus 3

004bb-gs

005bb-gs

Kurztrip nach Baden-Baden

1. Tag

Vormittags

Warum im Hotel frühstücken? Die Cafés der Stadt, vom alten Café König (s. S. 95) bis zu modernen Espressotempeln wie dem Kaffeesack (s. S. 88), bieten allen Langschläfern den stilgerechten Einstieg. Der kann auch im Museumscafé der Kunsthalle (s. S. 31) erfolgen, das an das **Museum Frieder Burda** 8 grenzt. Kaffee oder Tee, auch ein Gläschen Prosecco oder gar Champagner bringen die Lebensgeister langsam auf Touren. So gerüstet gilt es, die Stadt zu entdecken.

Schon ab 10 Uhr morgens steht das **Casino** 3 zum Besuch offen. Man kann im Rahmen einer Führung erleben, wie es hinter den Kulissen des mondänen Glücksspielparadieses aussieht. Auch gut zehn Fußminuten weiter stadtauswärts im **Festspielhaus** 1, einem der größten Theater Europas, werden Touren angeboten. Und immer lockt auch die Innenstadt: das **Bäderviertel** mit den Thermen ebenso wie die kleinen Altstadtgassen. Man sollte sich einfach von der eigenen Neugier treiben lassen, fast um jede Ecke wartet etwas Neues und einen Platz zum Mittagessen findet man garantiert!

Nachmittags

Nach dem Mittagessen ist es Zeit für einen Bummel über die **Lichtentaler Allee** 5. Eine von viel Grün gesäumte, für den Verkehr zum Teil gesperrte Straße, die vor dem **Stadttheater** 4 ihren Anfang nimmt und bis zum **Kloster Lichtenthal** 10 führt – vorbei an wunderschönen Gärten wie der **Gönneranlage** mit ihrem Rosengarten oder dem **Dahliengarten.** Hier ist Baden-Baden auch zu riechen! An der Lichtentaler Allee finden sich auch die wichtigsten Museen der Stadt: das **Museum Frieder Burda** 8, die **Staatliche Kunsthalle** 7, das **Stadtmuseum** 9 und das **Museum LA8** 6. Für jeden ist etwas dabei.

Abends

Gut essen oder großes Theater? Abends hat man die Qual der Wahl! Wer Baden-Baden ganz und gar erleben will, sollte auf alle Fälle dem **Casino** 3 einen Besuch abstatten, das erst abends sein volles Flair entfaltet. Und vielleicht hat man ja Glück, dass die Roulettekugel bei ihrem Weg zu Zahlen und Farben auf der eigenen Seite ist. Es lohnt sich auch immer zu schauen, ob im **Theater** 4 nicht ein interessantes Schauspiel, eine Oper oder ein Musical auf dem Programm stehen oder im **Festspielhaus** 1 große Orchester oder Ballettensembles gastieren. Wer vornehm speisen will: Der Kleine Prinz (s. S. 86) ist eine gute Adresse, die badische und französische Küche vollendet vereint. Und wer die badische Küche schätzt: Schneider's Weinstube (s. S. 87) oder das Restaurant im Hotel Rebenhof (s. S. 130) sind dafür bekannt.

Das gibt es nur in Baden-Baden

- ***Europas größte Windharfe.*** *Das gut vier Meter hohe Instrument mit seinen 120 Saiten steht seit 1999 im Rittersaal des Alten Schlosses* 25 *und wird durch Luftströme zum Klingen gebracht.*
- ***Philharmonische Parknacht.*** *Einmal jährlich lockt klassische Musik die Massen in die Lichtentaler Allee* 5. *Bis zu zehntausend Menschen säumen dann das Grün vor dem Museum Frieder Burda* 8, *um auf mitgebrachten Decken Opern-Ouvertüren und -arien oder eingängigen Operettenmelodien zu lauschen. Das Alleen-Konzert unter freiem Himmel, zu dem viele Besucher ihre Picknickkörbe mitbringen, findet gewöhnlich am ersten Augustwochenende statt.*
- ***Schachzentrum Baden-Baden.*** *Wie man weiße oder schwarze Könige am schnellsten mattsetzt, lehrt Deutschlands einziges Schachzentrum im Kulturhaus LA8* 6. *Seminare mit Weltklassetrainern sollen vor allem auch jungen Leuten helfen, sich auf nationale und internationale Wettkämpfe einzustellen.*
- ***Erster deutscher Tennisklub.*** *1881 gründete ein anglikanischer Pastor einen Verein, in dessen Tradition heute der Tennisclub Rot-Weiß (s. S. 127) steht.*
- ***New Pop Festival*** *(s. S. 100). Mit vielen Zehntausend Besuchern ist das vom SWR jährlich im September veranstaltete Musikfestival eines der kulturellen Aushängeschilder der Stadt. Für drei Tage bringt es seit über 20 Jahren vor allem Newcomer nach Baden-Baden. Viele Bands und Interpreten wie Xavier Naidoo, Savage Garden, Amy Winehouse, Tim Benzko oder Wonderwall wurden mit ihren Auftritten in Baden-Baden, die gewöhnlich im Fernsehen und Radio übertragen werden, einem größeren Publikum bekannt.*

2. Tag

Vormittags

Warum nicht mal ins **Rebland** 33 oder auf die **Schwarzwaldhöhen?** Vor allem bei gutem Wetter sind das lohnende Ausflüge. Im Rebland, wo beste badische Weine reifen, ist es im Frühjahr und Herbst am schönsten, im Sommer und Winter ist der Schwarzwald vielleicht interessanter. Touristische Preziosen wie der **Mummelsee** 37 oder das neue, auch architektonisch sehenswerte **Nationalparkzentrum am Ruhestein** 38 sind dort genauso zu entdecken wie der **Luchs- und Wildnispfad** 36. Liebhabern des Barock sei das **Residenzschloss in Rastatt** 31 ans Herz gelegt und das barocke **Lustschloss Favorite** 28, das auf halbem Weg zwischen Baden-Baden und Rastatt liegt.

Nachmittags

Sicher hat man noch nicht alle Sehenswürdigkeiten gesehen und manches in der Stadt ist noch zu entdecken, spätestens jetzt ist aber auch Zeit, langsam abzuschalten und den Besuch stilvoll ausklingen zu lassen, etwa in der **Caracalla Therme** 17 oder noch besser im textilfreien **Friedrichsbad** 16, einem Prunkstück deutscher Bäderkultur. Handtücher gibt es an den Kassen der Thermen, der Shop der Caracalla Therme offeriert auch Bikinis und Badehosen. Wer für warmes Wasser nichts übrig hat, ist bei gutem Wetter auf dem **Merkur** 27 bestens aufgehoben – Baden-Badens Hausberg, von dem man weit ins Land blickt. Rauf geht es mit der Bergbahn, runter gemütlich zu Fuß.

Abends

In einem der Altstadtlokale, einem Biergarten oder einem Gasthaus mit typisch badischer Küche könnte die Visite an der Oos gemütlich ausklingen. Beim Aperitif in der Kaminbar des **Maison Messmer** (s. S. 131), beim Cocktail im stylischen **Rizzi WineBistro & Restaurant** (s. S. 87) oder im **Kurhaus** 3, wo bei einem Glas badischen Rieslings viel Zeit zum Träumen bleibt: von der Ära, in der sich die Großen der Welt im Sommer hier einst die Zeit vertrieben haben.

Schloss Favorite 28 *in Rastatt ist immer eine Stippvisite wert*

007bb-gs

Stadtspaziergang

Am besten startet man zu diesem gut zweistündigen Stadtrundgang am **Kurhaus** (3). Hier gibt es ein großes Parkhaus (s. S. 118) und auch zum Busbahnhof auf dem **Augustaplatz** (11) sind es nur wenige Minuten zu Fuß. Vorbei an den Kurhaus-Kolonnaden, wo das Tourismusbüro der Stadt zu Hause ist, und am **Theater** (4) geht es anschließend die Lichtentaler Allee (5) entlang. Die **wichtigsten Museen der Stadt** – Museum LA8 (6), Staatliche Kunsthalle (7), Museum Frieder Burda (8) und Stadtmuseum (9) – haben hier ihren Sitz. Nach dem Stadtmuseum quert man auf einer Brücke die Oos, um – vorbei an Brenners Park-Hotel, dem mondänsten Hotel der Stadt – über die Schillerstraße weiter zur **Evangelischen Stadtkirche** am **Augustaplatz** (11) zu laufen.

006bb-gs

Wer gut zu Fuß ist und bei schönem Wetter gern noch ein Stündchen länger laufen möchte, folgt der Lichtentaler Allee die Oos entlang vorbei an der **Gönneranlage** (s. S. 26) mit ihrem sehenswerten Rosengarten, dem **Hirtenhäuschen**, wo man einst ein Attentat auf den Kaiser verübte (s. S. 27), und dem **Dahliengarten** mit den Büsten von Clara Schumann und Johannes Brahms bis zum sehenswerten **Kloster Lichtenthal** (10), von wo es am besten auf dem gleichen Weg wieder zurück und weiter zum Augustaplatz geht. Er ist Baden-Badens Tor zur Innenstadt. Die **Lichtentaler Straße**, eine der Einkaufsachsen, führt dann weiter zum **Leopoldsplatz** (12), wo sich zahlreiche Einkaufsstraßen treffen. Eine von ihnen ist die **Sophienstraße** (13), eine Allee, die Geschäfte säumen, deren Auslagen aufgrund der Preise mehr zum Staunen als zum Kaufen laden. Am besten geht man auf der rechten Straßenseite ein bisschen bergauf bis dahin, wo das **Fabergé Museum Baden-Baden** (s. S. 80) sein Domizil hat. Nur ein paar Schritte weiter, am Übergang der Sophienstraße zur Vincentistraße, wechselt man die Seite und geht die Sophienstraße bis zum Sonnenplatz zurück. An dessen Ende führt die Gernsbacher Straße zum **Römerplatz** (14), dem Herzen des Bäder-

< *Ein Prunkstück deutscher Bäderkultur: das Friedrichsbad* (16)

Routenverlauf im Stadtplan

Der hier beschriebene Spaziergang ist mit einer farbigen Linie im Stadtplan eingezeichnet.

viertels. Hier finden sich das **Friedrichsbad** 16, die **Römischen Badruinen** 15, die **Caracalla Therme** 17 und die **Spitalkirche** 18.

Zwischen der Klosterschule vom Heiligen Grab und dem **Friedrichsbad** 16 führt eine Treppe über die Dernfeldstaffeln zum **Marktplatz.** Zu ihren Füßen steht ein Brunnen, die sogenannte **Fettquelle**, eine der öffentlichen Thermalquellen Baden-Badens. Wer will, kann über die Schlossstaffeln zum **Neuen Schloss** 20 hinaufsteigen, wo einem die Stadt buchstäblich zu Füßen liegt. Ansonsten bietet das Café & Restaurant M10 (s. S. 88) mit seiner großen Terrasse den idealen Pausenplatz.

Ihm gegenüber erhebt sich die **Stiftskirche Unserer Lieben Frau** 19. Sie ist immer eine Stippvisite wert, auch wenn sie, wie im Laufe des Jahres 2021 und vielleicht noch länger, gründlich renoviert und innen großteils neu gestaltet wird. Ansonsten kann man jetzt auf eigene Faust kreuz und quer durch die Altstadtgassen und -treppen abwärts zurück zum Ausgangspunkt laufen. Am einfachsten ist der Weg weiter über die Schloßstraße und die Burgstaffeln in die **Lange Straße** [D3], der man dann nach links bis zu ihrem Ende folgt. Sie ist eine der wichtigsten Einkaufsmeilen der Stadt. Die Gernsbacher Straße führt den Stadtbummler dann rechts zum **Leopoldsplatz**, von wo der Weg über die Sophienstraße und durch die Kurhaus-Kolonnaden zum Ausgangspunkt zurückführt.

Für'n Fluss zu klein, für'n Bach zu groß: die Oos

Baden-Baden liegt im Tal der Oos. Ihr Quellgebiet befindet sich im Schwarzwald, wo sich einige meist namenlose Bäche zu einem Flüsschen vereinen. Von dort fließt die Oos, anfangs meist nur Oosbach genannt, durch Oberbeuern am Kloster Lichtenthal vorbei, bis sie unter der Stadt verschwindet und erst später wieder auftaucht. Bei Rastatt mündet sie in einen Kanal der Murg, der schließlich zum Rhein führt.

„Für'n Fluss zu klein, für'n Bach zu groß. Nicht viel los mit der Oos, bißchen Steine, bißchen Moos, kein Getöse, plätschert bloß, macht sich nicht auf virtuos, fragt nicht viel nach Wie's und Wo's“, hatte der Komponist und Musikdichter Friedrich Holländer (1896–1976) in seiner „Ode an die Oos“ 1969 geschrieben. Dabei war sie einmal ein Flüsschen, das zahlreiche Mühlen in und um Baden-Baden antrieb und nach heftigen Regenfällen oder plötzlichem Tauwetter konnte sie zum reißenden Fluss werden – so wie 1824, als sie alles fortriss, was sich ihr in den Weg stellte. Nach den großen Überschwemmungen damals beschloss man deshalb, den Fluss vor allem entlang der Lichtentaler Allee zu begradigen – „zur Vorbeugung eines ähnlichen Unglücks“, wie es damals hieß. Als Planer gewann man den badischen Ingenieur Johann Gottfried Tulla (1770–1828), der mit seinen Plänen zuvor auch den Rhein in ein neues Bett gezwängt und die Schifffahrt so erheblich beschleunigt hatte.

Kurviertel

1 Festspielhaus ★★★ [C2]

„Schwarzwald-Scala" nennen die Einheimischen ihr deutschlandweit renommiertes Festspielhaus. Mit 2500 Sitzplätzen ist es eines der größten Theater Europas. Berühmt für seine Akustik und modernste Bühnentechnik ist es jährlich Hort von fast 150 Veranstaltungen. Angeblich bis zu 50 Millionen Euro, hat eine Studie der Universität St. Gallen errechnet, schwemmen diese Events jährlich zusätzlich in die Stadt.

Große Sinfonieorchester sind im Festspielhaus ebenso zu Gast wie renommierte Ballett- und Theaterensembles. Und auch Popmusiker machen gern hier Station. Wer will, kann fast täglich bei einer Führung einen Blick hinter die Kulissen werfen. Gut 75 Minuten dauert die Tour, die jedem erlaubt, auch einmal in der ersten Reihe des Festspielhauses zu sitzen oder gar jene Bühnenbretter zu betreten, auf denen sonst Weltstars wie Ann Sophie Mutter mit ihrer Stradivari-Geige, die Berliner Philharmoniker, aber auch Rock- und Popmusiker wie Sting stehen.

Wäre es nach Richard Wagner gegangen, stünde sein Festspielhaus heute statt in Bayreuth in Baden-Baden. Zwar reservierte ihm der Bürgermeister ein Grundstück, allerdings mochte die Großherzogin nicht zur Gönnerin des Projektes werden, deshalb musste Baden-Baden bis Ende des 20. Jahrhunderts auf sein Festspielhaus warten. Entworfen wurde es schließlich vom Wiener Architekten **Wilhelm Holzbauer** – als gelungene Mischung aus Alt und Neu, denn die Architektur des Ensembles **integrierte das neue Bühnenhaus in den großherzoglichen Bahnhof** der Stadt. So werden am ehemaligen Fahrkartenschalter heute Eintrittskarten verkauft. Die einstigen Gleiskörper wurden elegant mit von Licht durchfluteten Foyers überbaut und im alten Wartesaal hat das Theater-Restaurant Platz gefunden.

Zwar sind die Eintrittskarten für das Festspielhaus bei vergleichbaren Veranstaltungen oft günstiger als etwa in Salzburg, doch können die besten Plätze bei Starbesetzung schon mal 250 Euro kosten. Aber auch das reicht für Unterhalt und Betrieb des Musentempels, der seit 2020 der Stadt Baden-Baden gehört, nicht aus. Betreiber des Hauses ist sein früherer Eigner: eine Festspiel-GmbH unter dem Dach einer gemeinnützigen **Kulturstiftung**, die vom Engagement eines rund 1500 Mitglieder zählenden Freundeskreises und Hunderter oft großzügiger Sponsoren lebt. Von Jahresbeiträgen ab 520 Euro bis hin zu großzügigen Einzelspenden in sechsstelliger Höhe engagiert sich jedes Mitglied wie es kann. Wer eine Jahreskarte kauft, bekommt ein Namensschild an seinen Lieblingsplatz geschraubt. Diese VIP-Plätze sind übertragbar und werden von Sparkassen ebenso wie von Hotels oder großen Firmen für ihre Mitarbeiter und Gäste in Anspruch genommen.

Werktags um 11 und samstags sowie feiertags um 14 Uhr bietet das Festspielhaus eine **Tour durch das Theater** an, auf der man viel Interessantes erfährt und einen Blick hinter die Kulissen werfen kann. Auf die Lüftungsanlage im Keller etwa, die für eine konstante Raumtemperatur von 21 Grad Celsius sorgt – wichtig für die Stimmung der Instrumente – oder auf die Sprinkleranlage, welche die 600 Quadratmeter große Bühne in einer guten Minute mit fast 5000 Liter Wasser fluten kann. Nicht weniger komplex ist die Bühnenanlage mit ihren Kulissenzügen, die umgerechnet bis zu 25 ausgewachsene Elefanten heben können. Zahlreiche Bühnentechniker, die pro Aufführung zum Teil bis zu 13 Kilometer laufen müssen, sind im Festspielhaus zu Hause – Fachleute, die den reibungslosen Theaterbetrieb garantieren, von der Opernaufführung bis zur Fernsehshow, bei der oft mehr als eintausend Scheinwerfer und Lampen im Einsatz sind.

Zu sehen sind bei der Besucher-Tour neben dem Zuschauerraum mit dem riesigen Kronleuchter auch die Lagerräume mit den Notenpulten für die Orchestermusiker und die Künstlergarderoben. Wer will, kann die an Kleiderbügeln hängenden Theaterklamotten anfassen und schnell feststellen, dass der Ledermantel des Opernhelden manchmal nur ein Schaumstoffkleid ist.

85 Prozent beträgt die durchschnittliche Auslastung der Vorstellungen, zu denen Besucher aus aller Welt anreisen. Besonders populär sind die Festspiele zu Ostern, Pfingsten und im Sommer, die internationale Ensembles und Weltstars wie Plácido Domingo nach Baden-Baden locken. Aber auch die hauseigenen Produktionen genießen Weltruhm.

Großgeschrieben wird der Service im Haus. So bietet man zu allen Opern und Sinfoniekonzerten kompetente **Vorträge**, die in die Werke einführen. Die **Festspielgastronomie**, die im Ambiente der vorletzten Jahrhundertwende eine vom Sternekoch Harald Wohlfahrt inspirierte Küche bietet, kann sich sehen lassen. Geöffnet ist das AIDA genannte Restaurant jeweils zwei Stunden vor Veranstaltungsbeginn.

› **Festspielhaus Baden-Baden,** Beim Alten Bahnhof 2, Tel. 07221 3013101, www.festspielhaus.de, Führungen: Mo.–Fr. 11 Uhr, Sa., So., feiertags 14 Uhr, 8 € (maximal 25 Teilnehmer), daneben gibt es Spezialführungen zur Geschichte des Hauses, den Künstlern und der Technik

Fast täglich erlauben Führungen einen Blick hinter die Kulissen des Festspielhauses

sg-bb006

2 Trinkhalle ★★★ [D3]

16 korinthische Säulen prägen Baden-Badens Trinkhalle, die Wandelhalle schräg neben dem Kurhaus. Schon Mitte des vorletzten Jahrhunderts lustwandelten hier die Kurgäste. Ihrer Zerstreuung dienten vor allem die 14 großformatigen Wandgemälde, die viel Stoff zur Betrachtung und Konversation boten – und ein Brunnen, aus dem man das Wasser der Thermen trinken konnte und den es noch immer gibt. Ebenfalls in der Trinkhalle findet sich ein täglich von 10 bis 18 Uhr geöffnetes Café mit einer im Sommer fast immer bevölkerten Terrasse.

Den attraktiven Rahmen für Trinkkuren schuf man 1844 mit der neuen, gut 90 Meter langen, zur Stadt hin offenen **Wandelhalle.** Sie verströmt noch heute jene vom spätromantischen Geist beseelte Eleganz des Biedermeier, die vor allem in 14 großen **Wandbildern** Gestalt gefunden hat. Eigentlich sollte sie Moritz Ludwig von Schwind (1804–1871), neben Carl Spitzweg damals einer der wichtigsten Maler der Romantik, fertigen, doch seine Arbeit war den Gestaltern der Trinkhalle zu teuer. Also bekam der badische Hofmaler **Jakob Götzenberger** (1802–1866) den Auftrag, die mächtige Wand zeitgemäß zu gestalten.

Seine Fresken waren Bilderbuch und Reiseführer zugleich, weil sie regionale **Sagen und Legenden** illustrierten und den Betrachter zu einem Ausflug zu den Orten rund um Baden-Baden anregten, an denen sie sich zugetragen haben sollen. So sieht man in der Trinkhalle die Nixen des Mummelsees 37, die dort nächtens aus dem See steigen, und den wilden Jäger, der auf der Jagd nach einem

Die Trinkhalle, davor die aus einem alten Marmorblock gefertigte Büste Kaiser Wilhelms I.

weißen Reh am Battert einer Felsenjungfrau begegnet, die ihre schützende Hand über das Tier hält und den Waidmann schließlich zum Einsiedler macht. Ein anderes Bild verrät, wie das noch heute existierende Restaurant Baldreit (s. S. 88) in der Altstadt zu seinem Namen gekommen sein soll. Es zeigt einen Pfalzgrafen, der im Hof eines Altstadt-Gasthauses sein Pferd besteigt und dem Wirt zuruft: „Seht, so bald reit ich“! Selbst die Schlüsselmadonna aus dem Kloster Lichtenthal 10 hat auf den Wänden der Trinkhalle Gestalt gefunden.

Das **Giebelfeld** der Halle zieren kunstvolle Reliefs. Vor dem Gebäude, mitten in einem Blumenbeet, steht eine **Büste Kaiser Wilhelms I.**, der mit seiner Gattin Augusta viele Jahrzehnte regelmäßig in Baden-Baden kurte. Angeblich wurde die Büste aus einem besonders alten Marmorblock gefertigt, den man einst dem römischen Kaiser Augustus zum Geschenk gemacht haben will. Kaiser Wilhelm I. soll dem Schöpfer der Büste selbst Modell gesessen haben. Gern erzählt man in der Kurstadt auch die Geschichte, dass seine Majestät im Atelier seinen Bart zur Seite gestrichen habe, um dem Bildhauer die Spuren der Verletzungen zu zeigen, die er 1861 bei einem Attentat in der Lichtentaler Allee (s. S. 27) erlitten hatte. „Die dürfen Sie aber bei der Büste nicht machen“, soll er dem Künstler damals ans Herz gelegt haben.

› **Trinkhalle**, Kaiserallee 3

012bb-gs

Zu den schönsten Sälen im Casino zählt der Salon Pompadour

3 Kurhaus und Casino ★★★ [D4]

Kurhaus und Casino sind neben den Thermen die Publikumsmagneten der Stadt. Allein im Casino, eine der ältesten und größten deutschen Spielbanken, machen täglich bis zu 1500 Gäste Station: „klassische“ Spieler, die ihr Glück bei Roulette, Poker oder Blackjack suchen, und Automatenspieler, die zu einem großen Teil des Umsatzes im Casino beitragen. Glanzvolle Feste, traditionsreiche Bälle und andere große Veranstaltungen offeriert das Kurhaus. Dem Vergnügen der Gäste dienen auch das stylische Restaurant The Grill samt Sommergarten und der Club Bernstein.

Zu den Vätern des Glücksspiels gehörte Badens **Markgraf Ludwig Georg** (1702–1761). Am 15. Oktober 1748 erlaubte er einigen Gasthäusern in der Stadt in eigens eingerichteten, separaten Räumen das Hazardspiel. Hazard war ein schon im Mittelalter bekanntes Würfelspiel, das im 18. Jahrhundert so beliebt war wie heute Blackjack oder Poker. Nach Ludwig Georgs Tod übernahm dessen Bruder **August Georg** (1706–1771) die Herrschaft, der sich schließlich für ein neues Kurviertel auf der linken Seite der Oos stark machte. So baute die Stadt Mitte des 18. Jahrhunderts für die Kurgäste ein eingeschossiges Promenadenhaus, von dem eine breite, von Kastanien gesäumte Allee in die Stadt führte. Das **Kurhaus** aber erwies sich schon bald als zu klein und vor allem verglichen mit dem Kurstadt-Konkurrenten Wiesbaden als nicht repräsentativ genug. Nachdem die badische Regierung das Haus von der Stadt übernommen hatte, begann sie deshalb 1820 mit seiner Erweiterung. Als Architekten konnte man **Johann Jakob Friedrich Weinbrenner** (1766–1826) gewinnen, dem viele Städte im deutschen Südwesten repräsentative Bauten verdanken. Zum neuen Markenzeichen des Kurhauses wurden **acht korinthische Säulen**, die noch heute Blickfang des Gebäudes sind. Der dahinterliegende, nach seinem Architekten benannte **Weinbrennersaal**, wurde anfangs zum Glücksspiel genutzt. Heute dient er vor allem als Konzertsaal.

Erster gewichtiger Spielbankbetreiber wurde **Antoine Chabert** (1774–1850), ein französischer Geschäftsmann, der neben dem **Casino** auch das Restaurant betrieb und für ein angemessenes **Unterhaltungsprogramm** sorgte. So engagierte er 1830 den Meistergeiger **Nicolò Paganini**, der auch in Baden-Baden für Furore sorgte. Weniger erfreut war der Spielbankpächter über eine spontane Klaviersession Felix Mendelssohn Bartholdys, der sich ungefragt an den Flügel setzte und zu einem Konzert anhob. Weil das aber die Spiellust im Casino dämpfte, wurde das Instrument aus dem Conversationssaal entfernt.

Nachdem Antoine Chabert im Jahr 1833 die Lizenzen für vier Spielbanken im Herzogtum Nassau erhalten hatte, darunter die für Wiesbaden, übernahm sein Sohn **Joseph Antoine Chabert** (1799–1838) die Geschäfte. Wie sein Vater war auch er bestrebt, den Spielbetrieb und das kulturelle Programm auszubauen. Doch sein tödlicher Reitunfall im Januar 1838 machte alle Pläne zunichte.

011bb-gs

Acht korinthische Säulen sind das Markenzeichen der Kurhaus-Fassade

Damit begann in Baden-Baden aber die **Ära der Herren Bénazet**, die fast 30 Jahre das kulturelle und wirtschaftliche Leben der Stadt prägen sollten (s. S. 22). Ihre Pacht- und Steuergelder sorgten mit dafür, dass die Lichtentaler Allee zum Prachtboulevard wurde und die Stadt einen neuen Bahnhof und ein Theater erhielt – dazu ein Orchester, das den Sommer über für die Kurgäste aufspielte. Sie sorgten auch für den weiteren Ausbau des Kurhauses und seiner Umgebung. So entstanden Mitte des 19. Jahrhunderts die prunkvollen Säle in barocker Opulenz, ausgestattet nach dem Vorbild französischer Königsschlösser, die noch heute Bewunderung finden. Das war damals ganz nach dem Geschmack der Pächter und ihrer internationalen Gäste. Ab 1864 kamen die **Kurhaus-Kolonnaden** hinzu, zwei einstöckige Ladenzeilen, in denen noch heute viele Geschäfte untergebracht sind. Große und breite Vordächer erlauben auch bei Regenwetter den Schaufensterbummel. Zur musikalischen Unterhaltung der Kurgäste schuf man schräg gegenüber dem Kurhaus-Haupteingang eine große **Konzertmuschel**, in der auch heute noch gern musiziert wird.

In der Ära Bénazet vervielfachten sich Baden-Badens Besucherzahlen, es kamen Könige und Königinnen und mit ihnen Europas künstlerische Elite. Walzerkönig Johann Strauß junior gab ebenso umjubelte Konzerte wie Franz Liszt oder andere Musikidole des 19. Jahrhunderts. Es waren goldene Zeiten für die Stadt!

Am 31. Oktober 1872 ertönte in den Spielsälen aber letztmalig die Aufforderung der Croupiers: „Faites vos jeux!", denn im kurz zuvor gegründeten Deutschen Reich waren

EXTRAINFO

Krawatte erwünscht

Bis auf eine Handvoll Feiertage steht Baden-Badens Casino immer offen. Das **Mindestalter** für den Zutritt beträgt **21 Jahre,** weshalb man am Eingang einen gültigen **Pass** oder **Personalausweis** vorlegen muss. Von **Automatenspielern** wird gepflegte Freizeitkleidung erwartet, im **klassischen Spiel** benötigt man ein Sakko, Hemd und Krawatte sind erwünscht. Damen tragen am besten das „Kleine Schwarze" bzw. dezente, aber elegante Abendgarderobe mit passenden Schuhen. Für spontane Besucher hält das Casino die entsprechende „Ausrüstung" gegen eine Gebühr immer bereit – vom Hemd bis zur passenden Krawatte.

Glücksspiele verboten. Im Stadtmuseum ❾ erinnert die letzte Roulettekugel an diesen Tag, der den Kurbetrieb bis ins Mark traf. Nach Baden-Baden kam man nämlich nicht nur zum Baden, sondern vor allem, um sich zu vergnügen. Die fehlende Spielbank wurde deshalb von Jahr zu Jahr als schmerzlicher empfunden. Vor allem, nachdem man das Kurhaus 1912 bis 1916 erweitert hatte und in der Beletage den rund 1000 Quadratmeter großen **Saal Bénazet** und zwei weitere repräsentative Säle geschaffen hatte. Damals entstand auch die breite Treppe ins Obergeschoss.

Im Mai 1933 sprach deshalb eine badische Delegation persönlich bei **Adolf Hitler** vor, der im Hotel auf der Bühlerhöhe nächtigte, um ihn um eine neue Spielbankkonzession zu ersuchen. Gegen den Widerstand seiner Ministerien sagte Hitler den Bittstellern schließlich die Wiedereröffnung des Casinos zu. Am 3. Oktober 1933 eröffnete so eine private fran-

Wie die Bénazets Baden-Baden zur Sommerhauptstadt

Bénazet - mit diesem Namen waren im 19. Jahrhundert Wohlstand und Ansehen der Kurstadt verbunden. Jacques Bénazet (1778-1848) und sein Sohn Oskar Eduard (1801-1867) waren die beiden Unternehmer, die das bis dahin eher dörflich geprägte Baden-Baden zur deutschen Kurmetropole machten und ihr Vermögen in die Gestaltung des Badebetriebs investierten - Millionen von Gulden, die sie in neue Bauten ebenso wie in ein Unterhaltungsprogramm von Weltrang steckten.

Jacques Bénazet, Sohn eines Hufschmieds und juristisch bewandert, war einst Mitbetreiber der wichtigsten französischen Spielsalons. Als König Louis Philippe Ende der 1830er-Jahre das Glücksspiel in Frankreich verbot, musste er sich nach einem neuen Job umsehen. Im Oktober 1837 wurde er so Pächter des Kurhauses. Als Experte für das Roulettespiel hatte er sich einen Namen gemacht. Mehr noch überzeugte er aber den Lizenzgeber, das Großherzogliche Ministerium Baden, mit seinem Organisationstalent. Letztendlich ausschlaggebend war die Pacht, die er die kommenden Jahre zahlen wollte: 100.000 Gulden zum Einstand, daneben 40.000 Gulden und weitere 5000 Gulden jährlich zur Verschönerung des Kurorts. Außerdem verpflichtete er sich, für ein angemessenes Unterhaltungsangebot zu sorgen. Für das kleine Baden-Baden, das damals nur gut 5000 Einwohner zählte, war der Einstieg des Franzosen in den Kurbetrieb ein Glücksfall. Aus dem bis dahin etwas verschlafenen badischen Städtchen machte er eine internationale Metropole mit französischem Flair. Großzügig lud Bénazet Journalisten aus Paris nach Baden-Baden ein und stattete sie mit Geld für den Besuch der Spielbank aus. Stolz berichteten die später an der Seine vom Leben an der Oos, in der viel Französisch gesprochen werde, die Speisekarten in den großen Hotelrestaurants auf Französisch seien, und man sich auch ganz nach der neusten Pariser Mode kleide. Von einem Schriftsteller ließ sich Bénazet für ein Honorar von 60.000 Francs einen Reiseführer in französischer Sprache fertigen. In dem war zu lesen: „Europa hat nur zwei Hauptstädte. Im Winter Paris, im Sommer Baden-Baden". Damit war der Slogan „capitale d' été" geboren und Baden-Baden zur europäischen Sommerhauptstadt erkoren.

Viel Geld steckte der Unternehmer auch in den Ausbau der Lichtentaler Allee, dem neuen Boulevard für die Kurgäste. Zudem halfen seine Pachtzahlungen der Stadt beim Ausbau der Infrastruktur: 1843 wurde die heutige Trinkhalle errichtet, zwei Jahre später eine Stichbahn vom Bahnhof in Oos Richtung Innenstadt gebaut. Schließlich finanzierte er ein neues Gaswerk mit. Investitionen waren das, die ihm die Stadt mit der Verleihung der Ehrenbürgerwürde dankte. Auch der kulturelle Aufschwung Baden-Badens trug Bénazets Handschrift. 1840 holte er den Pianisten Franz Liszt zu einem ersten Konzert in die Stadt, dem weitere folgen sollten. Und auch Gioachino Rossinis Spätwerk „Stabat Mater" hatte in Baden-Baden seine deutsche Uraufführung. Nach dem Tod des Vaters übernahm 1848 sein in Bordeaux geborener Sohn Oskar Eduard die Lei-

Europas machten

tung der Spielbank. Auch er steckte viel Zeit und Geld in neue Projekte. So ließ er die Spielsäle von Pariser Bühnenbildnern neu ausstatten und initiierte den Bau des benachbarten Theaters. Außerdem finanzierte er das Kurorchester mit seinen damals 51 Musikern, organisierte Gastkonzerte und Opernaufführungen und bezahlte Maler für Zeichnungen und Gemälde mit Motiven aus Baden-Baden. Auch große Gesellschaftsjagden, für die er einen eigenen Zwinger mit 60 Jagdhunden französischer und englischer Rassen anlegte, und spektakuläre Feuerwerke waren sein Verdienst.

Sein Vorzeigeprojekt aber wurde die Galopprennbahn in Iffezheim 29*, in deren Bau er 300.000 Franken investierte. Wie sein Vater setzte auch er auf Werbung in Zeitungen und Zeitschriften. So unterstützte er die Edition illustrierter Blätter wie „Mercure de Bade" oder „Illustration de Bade", für die bekannte Literaten die Texte lieferten. Sie erreichten vor allem die Franzosen, die im 19. Jahrhundert fast jeden zweiten Kurgast stellten. Heute erinnern der Bénazet-Saal im Kurhaus und die 2004 gebaute Bénazet-Tribüne auf dem Iffezheimer Rennplatz an den großen Unternehmer, der in Baden-Baden gern „Roi de Bade" (König von Baden-Baden) genannt wurde.*

Nach seinem Tod 1867 übernahm sein Neffe und Schwager, Jaques Emile Dupressoir (1823–1884), die Spielbankverträge. Schon bald aber wurde das Glücksspiel aus moralischen Gründen verboten. Am 31. Oktober 1872 rollte so in Baden-Baden die letzte Kugel. Sie sei, notierten die Chronisten, auf Nummer 9 rot gefallen.

zösische Betreibergruppe den neuen Spielbetrieb. Es war die **erste Spielbankkonzession im Deutschland des 20. Jahrhunderts.** 1935 übernahm die am 1. April 1934 gegründete Bäder- und Kurverwaltung die Spielbank, die wegen des **Zweiten Weltkriegs** aber am 14. August 1944 erneut geschlossen werden musste. 1950 übernahmen erneut private Gesellschafter den Spielbankbetrieb, ehe das Land Baden-Württemberg die Spielbankkonzession an die Baden-Württembergische Spielbanken GmbH & Co. KG übertrug, die auch die Casinos in Konstanz und Stuttgart betreibt.

Viel **Prominenz** hat das Kurhaus schon gesehen, Kaiser und Könige sowie Staatenlenker aus der ganzen Welt. Kirk Douglas fühlte sich hier ebenso wohl wie Curd Jürgens, Josephine Baker oder Marlene Dietrich und auch als Filmkulisse machte das Kurhaus von sich reden: 1960 in Heinz Erhardts „Der letzte Fußgänger" und 2010 in Otto Waalkes' Film „Otto's Eleven".

Wer will, kann das Flair des Hauses schon vormittags genießen, denn es gibt jeden Morgen eine rund 40-minütige Führung durch das Casino, bei der auch das Fotografieren erlaubt ist, zum Beispiel im **Salon Pompadour,** dem wohl schönsten Casino-Saal, der auch Brautpaaren einmal im Monat als Hochzeitssaal zur Verfügung steht. Er ist die Nachbildung des Boudoirs der Madame Pompadour im französischen Schloss Petit Trianon. Wandgemälde zeigen die vier Jahreszeiten und ein Porträt der Pompadour, der Maitresse Ludwigs XV. Nicht weniger schön ist der sogenannte **Rote Saal,** die Kopie eines fast gleichen Saals im Schloss Versailles. Mit rotem Seidendamast sind die Wände bespannt, die Decke zeigt den Rhein und die Oos sowie allegorische Szenen. Auch der rote Vorhang eines Theaters, das hier einmal untergebracht war, ist noch sichtbar.

- **Kurhaus/Casino Baden-Baden,** Kaiserallee 1, Tel. 07221 30240, www.casino-baden-baden.de, Eintritt: klassisches Spiel 5 €, Führungen (7 €, mit Kurkarte 6 €) tgl. um 10, 11,12 und 12.45 Uhr. Das Automatenspiel öffnet täglich um 12 Uhr seine Pforten und schließt um 2, Fr./Sa. um 3 Uhr. Um 14 Uhr startet das Roulette-Spiel, Blackjack ist ab 17 Uhr möglich. Poker-Freunde (Texas Hold'em No Limit) steigen Mo., Mi. und So. um 19.30 Uhr in den Spielbetrieb ein. Anhänger des Ultimate Poker sind täglich ab 17 Uhr mit einem Mindesteinsatz von 2 € dabei. Spielschluss ist je nach Spiel und Wochentag zwischen 0.30 und 3 Uhr. Der Wert des kleinsten Jetons beträgt zwei Euro.
- **The Grill,** Restaurant im Casino, www.the-grill-baden-baden.de, So.–Do. 14–1, Fr., Sa. 14–3.30 Uhr. Warme Küche 17.30–23 Uhr (Fr., Sa. bis 1 Uhr)
- **Club Bernstein,** Club im Casino, www.bernstein-club.com

4 Theater ★★ [D4]

Klein, aber fein: Baden-Badens Theater ist ein viel gerühmter Musentempel mit eigenem Ensemble gleich neben dem Kurhaus. Es wurde Mitte des 19. Jahrhunderts auf Betreiben des damaligen Spielbankpächters **Eduard Bénazet** nach dem Vorbild der Pariser Oper errichtet und am 6. August 1862 mit dem Stück „Das Nachtlager von Granada" von Konradin Kreutzer eingeweiht.

Bereits gegen Ende des 18. Jahrhunderts spielte man in Baden-Baden auf improvisierten **Bühnen** Theater. Anfang des 19. Jahrhunderts machte man sich deshalb Gedanken über einen festen Theaterbau, konnte sich anfangs aber nicht auf einen Spielplatz einigen. Schließlich errichtete man einen Holzbau, den Carl Maria von Weber, der große deutsche Komponist, als ein „aus ein paar Brettern dünn zusammengeheftetes Häuschen" charakterisiert haben soll. Der folgende Neubau, ebenfalls aus Holz, aber bis zu 300 Personen Platz bietend, wurde bis 1822 bespielt. Später wurde das sogenannte Konversationshaus zum Musentempel, das Mitte des 19. Jahrhunderts allerdings der Erweiterung des Casinobetriebs weichen musste.

Schließlich schlug die **Geburtsstunde des heutigen Theaters,** das auf vier Rängen mehr als 500 Zuschauern Platz bot. Architektonisch ist es ein **Zweckbau mit Walmdach.** Nur die Fassade erscheint weniger nüchtern. Sie zieren allegorische Skulpturen, die unter anderem Malerei, Musik und Poesie verkörpern. Zudem grüßen über dem Eingang Goethe und Schiller. Seine Opulenz entfaltet das Theater bis heute im **Inneren,** wo eine Handvoll Musen das kreisrunde Deckengemälde schmücken, in dessen Mitte ein prächtiger Kronleuchter hängt. Wie im Casino dominiert auch hier die Schlossarchitektur Ludwigs XV., weshalb das Theater zu den ersten neobarocken Projekten in Deutschland zählt.

Erste Eigeninszenierung des Theaters war „Béatrice und Bénedict", eine auf Shakespeares „Viel Lärm um nichts" basierende komische Oper, die Hector Berlioz zur Eröffnung des Musentempels 1862 eigens für Baden-Baden geschrieben hatte. Eine weitere Uraufführung erlebte der Musentempel 1869 mit Jacques Offenbachs Operette „Die Prinzessin von Trapezunt“, die er – wie vorher auch Berlioz – selbst dirigierte. Seit 1918 verfügt das Theater Baden-Baden über ein **festes Ensemble**, aber auch **Gastspiele** bringen immer wieder bekannte Schauspieler und Schauspielerinnen in die Kurstadt. Ihre Liste liest sich wie das „Who is Who“ deutscher Schauspielkunst. Kein Wunder, dass Carl Zuckmayer, der in Rheinhessen aufgewachsene deutsche Dramatiker, dem Theater zu seinem 100. Jubiläum bescheinigte, dass es „jung, frisch, gegenwärtig, von der Problematik des durchlebten Augenblicks ebenso wie von der Würde und dem Glanz bedeutender Traditionen erfüllt“ sei.

Goethe und Shakespeare gehören noch immer zu den Klassikern im Angebot. Inzwischen hat man sich mehr und mehr auch **jungem Theater** verschrieben, mit dem man das Stammpublikum von morgen gewinnen will. Unter anderem werden unter dem Motto „Fit fürs Abi“ die Prüfungsthemen der baden-württembergischen Deutsch-Abiturprüfung – zuletzt „Steppenwolf“ und „Faust“ – vor den Examen auf die Bühne gebracht. Auch einen eigenen Escape-Room hat das Theater geschaffen, dem man nur entkommen kann, wenn man Fragen beantwortet, die bei den Abiturprüfungen eine Rolle spielen.

Von 1989 bis 1992 wurde das Theater gründlich renoviert und mit moderner Bühnentechnik ausgestattet. Seit einigen Jahren werden auch Kinder- und Jugendtheater gepflegt, für die man mit dem **TIK** (**Theater im Kulissenhaus**) eine eigene Spielstätte eingerichtet hat. Und damit auch die ins Theater kommen, die sich einen Besuch finanziell nur schwer leisten können, gibt es einmal monatlich einen sogenannten **Joker-Tag**, an dem Erwachsene auf allen Plätzen nur 15 Euro zahlen, ermäßigte Karten kosten gar nur die Hälfte.

071bb-gs

⊡ *Klein, aber fein: Baden-Badens Theater*

› **Theater Baden-Baden,** Am Goetheplatz 1, www.theater-baden-baden.de. Kartenvorverkauf: Ticketservice in den Tourist-Informationen in den Kurhaus-Kolonnaden oder der Schwarzwaldstraße 52 (s. S. 120). Eintrittskarten sind auch online erhältlich. Alle Eintrittskarten berechtigen zur kostenlosen Nutzung öffentlicher Verkehrsmittel bei der An- und Abreise, spät abends mit kleinem Aufschlag auch zur Heimfahrt mit einem Linien-Taxi.

5 Lichtentaler Allee ★★★ [F7]

Die Lichtentaler Allee ist eines der Sahnestückchen Baden-Badens, eine großteils für den Verkehr gesperrte Grünzone, die sich vom Stadttheater 4 bis zum Kloster 10 im Stadtteil Lichtental erstreckt. Mehr als 300 verschiedene Bäume und Pflanzen säumen sie: Linden, Kastanien, Eichen, Buchen, Platanen und Erlen, aber auch Ginkgobäume, Magnolien und Azaleen. Skater und Jogger fühlen sich hier ebenso wohl wie Radfahrer, Spaziergänger und Hundebesitzer, die man auf der Lichtentaler Allee vor allem morgens und abends beim Bummel mit ihren Vierbeinern trifft. Mit der Klosterwiese haben Hunde gar einen eigenen Platz zum Toben und Tollen.

2300 Meter führt die Lichtentaler Allee am Ufer der Oos entlang. Ein Weg, an dem stattliche Hotelbauten wie **Brenners Park-Hotel & Spa**, eine der teuersten deutschen Herbergen, ebenso Platz gefunden haben wie prächtige Villen, Tennisplätze und ein Schwimmbad. Vor allem aber säumen ihn die **wichtigsten Museen** der Stadt – Kulturhaus LA8 6, Staatliche Kunsthalle 7, Museum Frieder Burda 8 und Stadtmuseum 9.

Die Lichtentaler Allee wurde zwischen 1850 und 1870 auf Betreiben des Spielbankpächters **Bénazet** in einen großen Landschaftspark umgestaltet – zur wichtigsten Promenade in der einstigen „Sommerhauptstadt Europas“. Sie war und ist auch heute noch ein Korso der Eitelkeiten, auf dem man gerne lustwandelt. Vor allem an schönen Sommerwochenenden drängt sich hier das Volk. Besonders stilvoll flaniert man mit der Pferdekutsche, die ihre Rundfahrten vor dem Theater startet.

Neben den Museen verdienen die Gartenanlagen entlang der Allee Beachtung. Allen voran die 1909 eröffnete sogenannte **Gönneranlage:** ein großer Rosengarten, der täglich von 9 Uhr bis zum Einbruch der Dämmerung geöffnet ist. Der Park ist nach dem einstigen Baden-Badener Oberbürgermeister benannt und wurde von einem millionenschweren Kaffeeimporteur gestiftet. Heute sind hier zahllose Rosensorten beheimatet und ein großer Jugendstilbrunnen, den zwei Figuren schmücken. Die eine soll die Badekur, die andere die Trinkkur verkörpern.

Nur ein wenig weiter steht das sogenannte **Hirtenhäuschen.** Ein Fachwerkhäuschen, in dem ein Schuhmacher ein kleines, privates Museum eingerichtet hat, das allerdings nur nach Voranmeldung besichtigt werden kann. Einst diente es den Hirten des Klosters Lichtenthal als Unterstand, die auf der angrenzenden Klosterwiese Dienst taten. Aber auch

ORIGINALTON

Wo Wasserkünste Erfrischung spenden

„Die glänzendste Promenade Badens ist die am linken Ufer des Oosbaches aufwärts führende ‚Lichtenthaler Allee', die besonders in den Nachmittagsstunden von Spaziergängern, Reitern und Wagen belebt ist. Ihre prächtigen alten Eichen, Linden und Ahornbäume sind von üppigen Blumenanlagen und Gebüsch umgeben, in deren Mitte Wasserkünste Erfrischung spenden, während der Blick links jenseits des Baches und rechts auf schöne Villen fällt.“

Baedeckers „Rheinlande“, 1895

Tatort Lichtentaler Allee

Am 14. Juli 1861 weilte der gerade gekürte König Wilhelm I., der spätere Kaiser, mit seiner Gattin zur Kur in Baden-Baden. Wie immer vertrat er sich auch an diesem Morgen auf dem Nobelboulevard die Füße - wie meistens ohne Personenschutz. Einen Tag vorher war ein 22-jähriger Leipziger Student namens Oskar Becker, der Sohn eines russischen Staatsrats, nach Baden-Baden gereist. Ein ungeduldiger junger Mann, der die Einheit Deutschlands ersehnte und im König einen Bremser der Entwicklung sah. Beide begegneten sich gegen 8.30 Uhr in der Nähe des Hirtenhäuschens, wo der junge Mann zwei Schüsse auf den König abfeuerte, die seinen Rockkragen samt Halsbinde zerfetzten und ihn leicht verletzten. „Die Contusion am Halse blutete nicht", notierte der König noch am gleichen Tag, „aber verursachte einen leichten brennenden Schmerz. Ich konnte daher die Promenade bis gegen Lichtental fortsetzen und kehrte mit der Königin zu Fuß nach Hause zurück."

Aus Freude über den misslungenen Mordanschlag feierte die Bevölkerung Badens den Überlebenden des Attentats mit einem Fackelzug, an dem auch der Bürgermeister teilnahm. Vom Balkon seines Hotels neben dem Kurhaus nahm König Wilhelm die Huldigungen entgegen. Sie rührten ihn so, dass er am folgenden Tag den Armen der Stadt zweitausend Gulden stiftete. Der Attentäter hingegen, in dessen Brieftasche ein Bekennerschreiben (Originaltext: „Man wird mich um der That willen lächerlich machen oder für überspannt halten: ich aber muß die That vollziehen, um das deutsche Vaterland glücklich zu machen. Oskar Becker, stud. jur. aus Leipzig.") wurde zu zwanzig Jahren Zuchthaus verurteilt, darunter zehn Jahre Einzelhaft. Allerdings wurde er schon nach wenigen Jahren auf die Fürsprache Wilhelms hin begnadigt. An das Attentat auf der Lichtentaler Allee erinnerte übrigens noch lange Zeit der Baum, in dem die erste Kugel eingeschlagen war. Weil seine Rinde anfangs bei vielen Kurgästen als Erinnerungsstück geschätzt war, musste er schon bald mit einem Gitter vor Souvenirjägern geschützt werden.

015bb-gs

Im Hirtenhäuschen fand der angeschossene Kaiser erste Hilfe

Geschichte wurde rund um das Hirtenhäuschen geschrieben, als König Wilhelm I. von Preußen nach einem Attentat hier erste Hilfe fand (s. S. 27).

Ein paar Schritte weiter die Oos entlang glänzt das sogenannte **Palais Biron** (Lichtentaler Str. 92), eine Prachtvilla, die im 19. Jahrhundert einem hanseatischen Kaufmann als Residenz diente, im 20. Jahrhundert einen Tabakfabrikanten beherbergte und heute Sitz der Industrie- und Handelskammer Karlsruhe und Tagungshaus der deutschen Wirtschaft ist. Auch der **Dahliengarten** (www.dahliengarten-baden-baden.de) in der Parkanlage gegenüber der Klosterwiese ist immer eine Stippvisite wert. Im Frühjahr blühen hier Tulpen neben Stiefmütterchen und Vergissmeinnicht, im Spätsommer und Herbst fast zweitausend Dahlien, die für ein buntes Farbenmeer sorgen. Dazwischen stehen die Büsten von Clara Schumann und Johannes Brahms und der **Bénazet'sche Gartenpavillon**, ein nostalgisches Ruheplätzchen der Marke „anno dunnemals".

Wer will, kann die Lichtentaler Allee auch mithilfe eines **Audioguides** erkunden (www.lichtentaler-allee.mobi). Er führt den Nutzer zu 18 Stationen einschließlich des Kurhauses, der Trinkhalle und des Theaters. Fiktive Begleiter sind dabei Clara Schumann und Eduard Bénazet, die einem die Geschichte der Stadt und ihre wichtigsten Sehenswürdigkeiten erklären.

⌃ *Die Lichtentaler Allee ist zu allen Jahreszeiten einen Bummel wert*

6 Kulturhaus und Museum LA8 ★ [D4]

Nur ein paar Schritte neben dem Theater befindet sich das Kulturhaus LA8, dessen Zusatz aus Buchstaben und Zahlen an die Adresse des Gebäudeensembles erinnert. Heute beherbergt es das **Schachzentrum Baden-Baden** des Deutschen Olympischen Sportbunds und das **Museum für Kunst und Technik des 19. Jahrhunderts**, einen 400 Quadratmeter großen und modernen Musentempel, der ein- oder zweimal jährlich wechselnde, interessante Ausstellungen präsentiert.

Den vorderen Teil des Kulturhauses markiert ein 1820 errichtetes **Palais**, in dem einst Königinnen und Kurfürsten ebenso zu Hause waren wie reiche Bankiers und Wirtschaftslenker. So diente das Haus anfangs der schwedischen Königin Friederike als Wohnsitz. Sie war nach der Absetzung ihres Mannes Gustav VI. Adolf von Schweden Anfang des 19. Jahrhunderts in ihre badische Heimat zurückgekehrt. 1826 erwarb Kurfürst Wilhelm II. von Hessen-Kassel den Prachtbau für seine Geliebte, eine in den Adelsstand erhobene Gräfin. 1842 bis 1854 hielt der Frankfurter Bankier Amschel Mayer Rothschild hier Hof, ehe sich Eduard Bénazet (s. S. 22) hier einmietete. Später wurde das Palais Sitz des Internationalen Clubs, der die Pferderennen in Iffezheim 29 organisierte.

Anfang dieses Jahrhunderts wurde das Anwesen mit einem Kostenaufwand von rund 15 Millionen Euro renoviert und um den modernen Museumstrakt ergänzt. Seitdem bietet es **Raum für Konzerte, Vorträge, Bankette, Tagungen und große Schachturniere.** Im seit 1996 in der Lichtentaler Allee beheimateten Schachzentrum bilden sich Anfänger ebenso wie Profis weiter.

Publikumsmagnet ist das Museum im Hinterhaus, das sich zum Ziel gesetzt hat, das Verständnis für Kunst, Kultur und Technik des 19. Jh. zu vertiefen, zwei oft als gegensätzlich verstandene Metiers, die freilich oft enger verzahnt sind als man glaubt. Unter diesem Blickwinkel – ein Unikat in der deutschen Museumslandschaft – hat man in Zusammenarbeit mit nationalen und internationalen Institutionen in den letzten Jahren bemerkenswerte Ausstellungen geschaffen. Da diese immer wieder wechseln, lohnt sich der Museumsbesuch auch für die, die häufiger nach Baden-Baden kommen.

› **Museum LA8 (Museum für Kunst und Technik des 19. Jahrhunderts),** Lichtentaler Allee 8, Tel. 07221 5007960, www.museum.la8.de, Di.–So. 11–18 Uhr, Eintritt: 7 €, öffentliche Führung So. 15 Uhr, für Kinder gibt es eigene Workshops zu den Ausstellungen

7 Staatliche Kunsthalle ★★ [D4]

Von außen erinnert die Staatliche Kunsthalle Baden-Baden, eine der ältesten Kulturinstitutionen im deutschen Südwesten, eher an eine Trutzburg als an ein modernes Museum. Hinter ihren Mauern aber laden professionell konzipierte, aktuelle Ausstellungen zum Besuch. Als Museum ohne eigene Sammlung kann die Staatliche Kunsthalle mit ihren bis zu sechs Wechselausstellungen jährlich immer schnell auf künstlerische Strömungen reagieren. So ist sie in den letzten Jahren zu einem auch international viel beachteten Kunstforum geworden.

Ihre Geschichte reicht bis zur vorletzten Jahrhundertwende, als in Künstlerkreisen der Wunsch reifte, vor allem deutscher Kunst auf Dauer eine Bleibe zu verschaffen. Standort der Galerie sollte Baden-Baden werden. **Robert Engelhorn** (1856–1944), selbst Maler und Sohn des Mitbegründers der Badischen Anilin- und Sodafabrik (BASF), wurde zu ihrem lautesten Fürsprecher. Er brachte auch mehr als die Hälfte der 220.000 Mark auf, die der Bau der 1909 eingeweihten Kunsthalle schließlich kostete. Als Gestalter gewann man den Karlsruher Architekten **Hermann Billing** (1867–1946), der später auch Mannheims Kunsthalle schuf und sich wie Engelhorn immer wieder für den Bau einer Künstlergalerie in Baden-Baden eingesetzt hatte. Sein Haus aus hellem Sandstein war ein spätes Beispiel des Jugendstils, das mit Zitaten klassischer griechischer und römischer Architektur schon neoklassizistische Elemente zeigte. Kein Wunder, dass der Bau polarisierte. Während ihn die einen als einen zeitgemäßen Tempel der Kunst lobten, sollen ihn andere als Stall oder gar Krematorium beschimpft haben.

016bb-gs

Wie auch immer: Die weitgehend schmucklosen Ausstellungsräume mit ihren Lichtdecken erwiesen sich als ein Glücksfall für die Kunstpräsentation. Unter dem Titel „Ständige Kunstausstellung Baden-Baden" fanden bis in die 1930er-Jahre zumeist zwei Ausstellungen pro Jahr statt. Im Dritten Reich wurde die Halle schließlich Hort vor allem nationalistischer Kunst. Nach dem Zweiten Weltkrieg nutzten die französischen Besatzer das Haus als Bibliothek und Dokumentationszentrum, ehe 1951 die **Gegenwartskunst** hier eine neue Heimat fand. Auch Künstler, deren Werke während der NS-Zeit als entartet galten, fanden jetzt in Baden-Baden eine neue Plattform für ihre Malereien, Skulpturen und Installationen. Vor allem aber protegierte man junge Maler, die zum Teil in offenen Ateliers vor den Augen der Besucher arbeiteten – Künstler wie Anselm Kiefer, Markus Lüpertz, Gerhard Richter oder Günter Uecker, die heute allesamt Weltruhm genießen.

Auch die **Kunst vor der Kunsthalle** kann sich sehen lassen. So flankieren die zum Eingang führende Freitreppe zwei weibliche Skulpturen, die Malerei und Bildhauerei verkörpern sollen. 1978 entstand die aus zwei quer liegenden Rechtecken bestehende Stahlskulptur des Amerikaners Richard Serra (*1938), einem der wichtigsten noch lebenden Bildhauer. 1989 kam eine Lichtinstallation des amerikanischen Lichtkünstlers Dan Flavin („To the people of Baden-Baden") hinzu, die vor allem abends und nachts mit ihren farbi-

Die Kunsthalle: ein Jugendstilbau mit Anklängen an antike Architektur

KLEINE PAUSE

Café Kunsthalle

Schwarzwälder Schinken, badischer Wurstsalat oder geräucherte Schwarzwaldforelle, dazu ausgesuchte Weine oder Schwarzwälder Biere – Kunstfreunde müssen auf ihrem Museumsbummel entlang der Lichtentaler Allee weder Hunger noch Durst leiden. Im Café der **Kunsthalle** 7, das sich vor dem Übergang zum Museum Frieder Burda 8 befindet, gibt es dazu noch Kunst – genau genommen Gebrauchskunst. Die Tischleuchten, Bänke, Regale, Teppiche, Tische, Regale, Sessel, Stehleuchter und Hocker samt der Garderobe stammen von Designern – fast alle entworfen an der Hochschule für Gestaltung in Karlsruhe, deren angehende Produktdesigner sich hier vorstellen. Die Möblierung gehört zum Konzept des Museumscafés und wird immer wieder auch einmal erneuert. Im Sommer lockt die Außenterrasse.

› **Café Kunsthalle,** Tel. 07221 392000, www.cafe-kunsthalle.de, Di.–So. 10–18 Uhr

gen Leuchtstoffröhren die Kunsthalle weithin sichtbar markiert. Mit dem benachbarten Museum Frieder Burda 8 ist die Kunsthalle über eine gläserne Brücke verbunden. Wer in beiden Museen Station machen will, ist mit einem Kombiticket am besten dran, das preiswerter ist als zwei einzelne Eintrittskarten.

› **Staatliche Kunsthalle,** Lichtentaler Allee 8a, Tel. 07221 30076400, www.kunsthalle-baden-baden.de, Di.–So. 11–18 Uhr, Eintritt: 7 € (Familienkarte 11 €), Kombiticket mit Museum Frieder Burda: 18 €, öffentliche Führung So. 14 Uhr

8 Museum Frieder Burda ★★★ [D4]

Zu den architektonischen Highlights der Stadt gehört das 2004 eröffnete Museum Frieder Burda, einer der modernsten Museumsbauten im deutschen Südwesten: ein von Licht durchflutetes, dreigeschossiges Gebäude, das der amerikanische Stararchitekt Richard Meier konzipierte. Das Museum versteht sich als Hort moderner und zeitgenössischer Kunst. Betrieben und finanziert wird das Haus von der gemeinnützigen Stiftung Frieder Burda. Initiiert wurde sie von Frieder, dem Sohn des Verlegers Franz Burda, der 1968 mit dem Kauf eines Bildes des italienischen Avantgarde-Künstlers Lucio Fontana den Grundstock für seine Kunstsammlung legte. Anders als sein Vater, der vor allem expressionistische Malerei sammelte, war es die zeitgenössische Kunst, die Frieder Burda faszinierte.

Rund Tausend Werke sind heute im Besitz des Sammlers, vor allem von Gerhard Richter und Sigmar Polke, Arnulf Rainer und Georg Baselitz, aber auch Bilder von Ernst Ludwig Kirchner, Wilhelm Lehmbruck, Max Beckmann, August Macke oder Spätwerke Pablo Picassos. Um seine Werke der Öffentlichkeit zugänglich zu machen, gründete Burda 1998 die „Stiftung Frieder Burda", die auch den Bau des rund 20 Millionen Euro teuren Museums finanzierte.

Als Baumeister konnte er den amerikanischen Architekten **Richard Meier** gewinnen, der sich mit der Gestaltung des Ulmer Stadthauses oder mit dem Bau des Museums für angewandte Kunst in Frankfurt auch in Deutschland einen Namen gemacht hatte. Harmonisch passte Meier das

neue Museum in die grüne Landschaft der Lichtentaler Allee ein. Ein Haus voller **Fenster** – mit Sonnenblenden versehen, die es je nach Bedarf mit Tageslicht fluten. Das natürliche Licht rückt so immer wieder aufs Neue Gemälde und Skulpturen, Kunstinstallationen und andere Objekte künstlerischen Schaffens in den Fokus des Betrachters.

Die einzelnen Geschosse des Museums verbindet eine breite **Rampe,** die ihr Architekt selbst als ein kleines Kunstwerk versteht – als ein „Ereignis an sich". „Ich hoffe", schrieb Meier einmal, „die Besucher werden den Parcours durch das Gebäude als einen eigenen Rhythmus aus Bewegung und Ruhe erleben. Der Gang durch das Gebäude soll nämlich immer dort durch Stoppeffekte und Gegenachsen unterbrochen werden, wo die Schräge der Rampe auf den Zugang zu einem Galerieraum trifft".

Die **Außenfassade** mit ihren Aluminiumplatten verleiht dem Bau eine fast mediterrane Leichtigkeit und formt so den idealen Rahmen für eine Kunst, die nicht immer leicht zugänglich ist.

Leben hauchen dem Museum die **zweimal jährlich wechselnden Ausstellungen** ein, meist weltweit zur Kenntnis genommene Präsentationen zeitgenössischer Kunst, die Baden-Baden zu einem Kunst-Mekka im deutschen Südwesten gemacht haben.

› **Museum Frieder Burda,** Lichtentaler Allee 8b, Tel. 07221 398980, www.museum-frieder-burda.de, Di.–So. 10–18 Uhr, Eintritt: 14 € (Familienkarte 27 €), Kombiticket mit Kunsthalle 18 €. Öffentliche Führungen: Sa./So. und feiertags 11 und 15 Uhr. Anmeldungen, auch für Privatführungen, unter 07221 3989838. Alle Bereiche sind barrierefrei.

9 Stadtmuseum ★ [D5]

Klein, aber fein: Baden-Badens Stadtmuseum gibt den besten Einblick in die Geschichte der Stadt. Zu Hause ist es im sogenannten **Alleehaus** in der Lichtentaler Allee, einer alten Villa, die ab 1912 als Hotel genutzt wurde. Heute gehört das Haus einer Stiftung, die es 2004 der Stadt als Museumsgebäude zur Verfügung stellte. Seitdem dokumentieren regelmäßige Wechselausstellungen, vor allem aber eine große ständige Schau **die Geschichte Baden-Badens von den Römern bis zur Gegenwart.**

Fotografien aus dem frühen 20. Jahrhundert zeigen, wie Archäologen die römischen Wurzeln der Stadt freilegten. Schüsseln, Becher, Schalen, Teller und Töpfe, zu einem Großteil in der Region hergestellt, sind in Vitrinen ausgestellt – neben Fibeln, Löffeln, Haarnadeln und anderen Dingen, die im antiken Alltag Verwendung fanden. Vom Leben in der Römerstadt zeugen auch Grabsteine und ein Relief des Gottes Merkur aus der ersten Hälfte des zweiten Jahrhunderts.

Bekanntlich legten die Römer den Grundstein für die **Badekultur**, welche im Stadtmuseum mit vielen originalen Zeugnissen behandelt wird. Zum Beispiel mit einer alten Waschkommode aus dem Hotel „Zum Hirsch", einem der traditionsreichsten Badehotels der Stadt, oder in alten Gläsern, aus denen man einst das Wasser aus den Thermalquellen trank. Begehrte Souvenirs waren das, die man wegen ihrer flachen Form leicht in die Tasche stecken konnte. Fotografien zeigen zudem, wie es um 1900 im noch heute existierenden Friedrichsbad zuging.

Zur Zerstreuung der Kurgäste diente das **Casino** 3, aus dem eine Roulettekugel aus der Mitte des 19. Jahrhunderts oder eine Trinkgeldkasse für die Croupiers stammt. Ein großes Gemälde verrät, wie es um 1860 auf der **Iffezheimer Pferderennbahn** 29 zuging, wo sich neben vielen Männern in Uniform auch ein paar junge Damen in Schwarzwälder Tracht von einem Erntewagen aus den Temporitt anschauen. Und der Prinz von Wales präsentiert sich auf einem Stich von 1883 beim Tennisspiel. Eine eigene Abteilung dokumentiert das **literarische und musikalische Leben in der Stadt.** So kann man mithilfe von Kopfhörern Texten von Alfred Döblin, Peter Bamm oder Erich Fried lauschen. Und auch **Handel und Handwerk** kommen im Stadtmuseum nicht zu kurz. Prunkstücke sind eine Zunftlade der Hafner von 1704 und ein um 1860 in Baden-Baden hergestelltes Laufrad aus Holz und Eisen. Sogar Porzellan wurde ein paar Jahre in der Stadt hergestellt, wie ein paar seltene Ausstellungsstücke beweisen. Eher zu den Kuriositäten zählen Trümmerreste des ersten kommerziell zum Passagiertransport genutzten Zeppelins, der im September 1910 einem Feuer im Vorort Oos zum Opfer fiel, oder aus Sensen gefertigte Bajonette, mit denen badische Freischärler 1848/49 auf die Barrikaden gingen.

› **Stadtmuseum**, Lichtentaler Allee 10, Tel. 07221 932272, www.baden-baden.com, Di.–So. 11–18 Uhr, Eintritt: 5 € (Familien 9 €), Führungen auf Anfrage

Vom amerikanischen Architekten Richard Meier stammt der modernste Museumsbau der Stadt: die Privatsammlung Frieder Burda

⑩ Kloster Lichtenthal ★★★ [cg]

Am Ende der Lichtentaler Allee findet sich ein jahrhundertealtes Kloster. Es schreibt sich – im Gegensatz zur Allee und dem gleichnamigen Stadtteil Baden-Badens – noch wie früher mit einem Dehnungs-h, also Lichtenthal. Als seine Gründerin gilt die Markgräfin Irmengard bei Rhein, besser bekannt als Irmengard von Baden. Sie war die Ehefrau des Markgrafen Hermann V. von Baden, der von 1190 bis 1243 das Land regierte, und eine Enkelin Heinrichs des Löwen von Braunschweig und Nichte Kaiser Ottos IV. Kriege und Krankheiten hat das Kloster bis heute ebenso überstanden wie Brandschatzungen und Plünderungen. Seit seiner Gründung sind hier Zisterzienserinnen zu Hause, die ihr Kloster heute in Form einer Stiftung am Leben halten. Zum Klosterbetrieb gehören unter anderem ein kleiner Klosterladen, ein Café im ehemaligen Kuhstall, ein Gästehaus, in dem auch Seminare stattfinden können, Kunstwerkstätten wie ein Kerzenatelier und eine Schreibwerkstatt, die handgeschriebene Urkunden und Buchmalereien sowie grafisch anspruchsvolle Texte gestaltet. Außerdem liegt die Grundschule des Stadtteils Lichtental auf dem Klostergelände.

Besucher betreten die **dreieckige Klosteranlage** durch ein großes, 1781 errichtetes Tor, hinter dem sich ein großer Hof mit einem alten Marienbrunnen öffnet. Gleich links an der Wand ist ein **Schmerzensmann** zu sehen, der leidende Christus. In den Gebäuden zur Rechten findet sich das **Café Lumen**, ein Gästehaus und der fast täglich geöffnete **Klosterladen** (Di.–Sa. 9.30–12.30 und 13.30–17.30 Uhr). Spannende Krimis, Kinder- und Kochbücher offeriert er ebenso wie religiöse Bücher, CDs

⊡ *Der Innenhof des Klosters Lichtenthal mit dem alten Marienbrunnen*

mit Kirchenmusik, Kerzen, Kreuze, Engels- und Madonnenfiguren, Weihrauch und Ikonen. Aus klostereigener Herstellung stammen Plätzchen und verschiedene Fruchtaufstriche. Sogar Alkohol gibt es im Kloster, Johannisbeer- oder Engelwurzlikör zum Beispiel.

Im Klosterladen gibt es auch Bücher, die die **Geschichte des Klosters** erzählen. Sie begann Mitte des 13. Jahrhunderts, als Irmengard nach dem Tod ihres Mannes 1242 eine würdige Grablege suchte. Weil der zuständige Straßburger Bischof alle Pläne einer Klostergründung ablehnte, so erzählt man, habe man die Oos einfach umgeleitet, sodass der Bauplatz rechts des Flusses lag und damit im Kirchenreich des Speyrer Oberhirten. Wie auch immer: 1245 zogen Zisterzienserinnen aus einem Kloster bei Meßkirch erstmals in einfache Holzhäuser und begründeten so das Kloster Lichtenthal. Zu ihnen gesellte sich wenige Jahre später auch Irmengard, welche die sterblichen Überreste ihres Gatten 1248 in die neue Klosterkirche bringen ließ. Damit hatten die badischen Markgrafen ihre Grablege.

Diesem Zweck diente vor allem die 1288 erbaute **Fürstenkapelle,** in der sich heute auch das Grabdenkmal Irmengards findet. Zwei steinerne Hündchen wachen zu ihren Füßen, symbolische Zeichen für Treue und Gehorsam. Blickfang in der Fürstenkapelle ist neben den großen Altarbildern des Lichtenthaler Meisters, einem namentlich nicht bekannten spätmittelalterlichen Maler, die sogenannte **Schlüsselmadonna,** die nicht nur den Zisterzienserinnen im Kloster als Schutzpatronin gilt. Ihren Namen verdankt die spätromanische Figur, deren Kopf und Hände ebenso wie das Jesuskind auf ihren Armen allerdings nicht mehr original sind, einem großen Schlüssel in ihrer Rechten. Er steht symbolisch für den Klosterschlüssel, den man der Muttergottes immer wieder anvertraute, wenn die Abtei in Gefahr war – im Dreißigjährigen Krieg ebenso wie in der Nazizeit. Sie sei der Grund, heißt es, dass das Kloster fast jeden kriegerischen Angriff ohne große Schäden überstanden habe.

Über der Tür zur Sakristei hängt eine 1543 entstandene Kreuzigungsdarstellung von **Lucas Cranach dem Älteren.** Spätgotische Gemälde zeigen unter anderem den heiligen Nikolaus und die heilige Barbara. Eine hölzerne Statue erinnert an den seligen Bernhard, Markgraf von Baden, der als Patron Badens gilt. Der sehenswerte **Hochaltar** stammt aus dem Jahr 1503 und zeigt die „Heilige Sippe". Die drei Statuen über dem Portal der Fürstenkapelle zeigen zuoberst die heilige Helena, rechts Uta von Schauenburg, die Stifterin des Klosters Allerheiligen 39 und eine Verwandte Irmengards, links Gerungus, den ersten Abt des Schwarzwald-Klosters Allerheiligen, aus dem die drei Statuen ursprünglich stammen.

Ebenfalls sehenswert ist die gotische **Klosterkirche** nebenan. Aus der Zeit um 1320 stammen der gotische Chorabschluss, das Eingangsportal und das Kreuzrippengewölbe. Im Inneren haben ein Kruzifix, eine Madonna mit Kind, ein spätgotisches Wandbild mit Kreuzigungsdarstellung und ein kunstvoll geschnitztes Chorgestühl auf der Empore aus der Mitte des 18. Jahrhunderts Beachtung verdient. Auf der Empore finden sich ein Choraltar mit Maria, Katharina und Margaretha aus dem Jahr 1496 und eine Kanzel mit dem Relief des Vaters des Zisterzi-

KLEINE PAUSE

Selbstgebackenes aus dem Kloster

Im ehemaligen Kuhstall des Klosters Lichtenthal (10) gibt es heute Kaffee und selbstgemachten Kuchen, den die Nonnen des Klosters backen. Im **Café Lumen,** das im Sommer mit seinen gemütlichen Außenplätzen im Klosterhof punktet, gibt es Obstsäfte aus einer Privatkellerei und Weine regionaler Erzeuger. Lecker schmecken auch das selbstgemachte Eis, die heißen Waffeln und – für alle, die es weniger süß mögen – die mit Schwarzwälder Schinken, Fenchelsalami oder Mozzarella belegten Brötchen, die sich vornehm Panini nennen. Der beste Zeitvertreiber aber ist ein mit Prosecco übergossenes Mango-Sorbet.

› **Café Lumen,** Tel. 07221 9966641, www.abtei-lichtenthal.de, Mi.–Sa. 11–18, So. 10–18 Uhr

019bb-gs

enserordens, Bernhard von Clairvaux. 1968 wurde die Klosterkirche renoviert und umgestaltet, Teile des Altars kamen ins Badische Landesmuseum. Dafür erhielt die Kirche neue Glasfenster, die sie jetzt oft in ein fast mystisches Licht tauchen.

Ein kleines **Museum**, in das man nur im Rahmen der Klosterbesichtigung Zugang findet, zeigt Geschenke an das Kloster und Arbeiten der Zisterzienserinnen wie wertvolle Paramentenstickereien. So fertigten die Nonnen Baden-Badens zuletzt eine Stola für den emeritierten deutschen Papst Benedikt XVI. Alte Waffeleisen und Springerle-Formen erinnern an die Plätzchenbäckerei, die noch heute hier gepflegt wird. Prunkstücke in den drei kleinen Museumsräumen, die man in Filzpantoffeln durchschreitet, sind ein Maulbronner Antiphonale, ein jahrhundertealtes, handgefertigtes Gebet- und Gesangbuch, und ein Äbtissinnenstab aus Silber. Zu sehen sind weiter Bildnisse badischer Fürsten, Möbel, Uhren, Fayencen und Geschirr aus Porzellan und Zinn.

› **Kloster Lichtenthal,** Hauptstr. 40, Tel. 07221 504910, www.abtei-lichtenthal.de. Die Klosterkirche steht werktags von 9–12.30 und 14.30–17.30 Uhr offen, Mo. und Mi. nur bis 16.30 Uhr. Sonntags ist 10.15–11.30 und 14.30–17.30 Uhr ein Besuch möglich. Fürstenkapelle und Museum sind nur im Rahmen von Führungen mittwochs und am Wochenende um 15 Uhr zugänglich (Ticket 5 €). Gottesdienste finden So. 9, Mo., Mi. 17.30, Di., Do.–Sa. 7.15 Uhr statt. Willkommen sind Besucher auch zur täglichen Vesper um 17 Uhr oder zum Mittagsgebet um 12.45 Uhr (So. 11.45 Uhr).

◁ Nur bei Führungen zugänglich: die Fürstenkapelle mit Wechselaltar

Innenstadt

Rechts der Oos liegt der älteste Teil der Stadt, über dem das Neue Schloss 20 thront. Ihren Kern bilden die beiden großen Thermen, das historische Friedrichsbad 16 und die moderne Caracalla Therme 17, dazwischen befinden sich die römischen Badruinen 15. An die Caracalla Therme grenzen die heute altkatholische Spitalkirche 18 und das ehemalige Kloster „Zum Heiligen Grab", von dem eine Treppe zum Florentinerberg führt, einer 1981 entstandenen mediterranen Gartenanlage, die fast hundert verschiedene Pflanzen beheimatet. Schon im 17. Jahrhundert waren hier Weinreben und Zitruspflanzen zu Hause, heute gar Palmen. Weil unterhalb des Florentinerbergs das Wasser der heißen Quellen gebündelt wird, profitiert der Ort mit seiner mediterranen Vegetation von einer Art Fußbodenheizung. Zu Füßen des Florentinerbergs findet sich auch das Alte Dampfbad (s. S. 80), das heute als Ausstellungsraum dient. Blickfang der Innenstadt ist die katholische Stiftskirche 19 am Marktplatz. Das weltstädtische Flair der Stadt aber machen die Fußgängerzonen rund um den Leopoldsplatz 12 oder Prachtalleen wie die Sophienstraße 13 aus, wo sich Juweliere und Modegeschäfte neben Antiquitätenhändlern reihen.

11 Augustaplatz ★ [D4]

Der weite Platz unweit der Oos ist für viele das Eingangstor nach Baden-Baden. Das verdankt er dem **Busbahnhof**, den alle wichtigen Linien ansteuern – auch der Schnellbus zum Bahnhof. Autofahrer schätzen das unter dem Platz gelegene Parkhaus. Umrahmt wird der Augustaplatz von stattlichen Bauten wie der **Evangelischen Stadtkirche**, die als erster sakraler Neubau des 19. Jahrhun-

Ein Bodenmosaik auf dem Augustaplatz 11 verweist auf Baden-Badens geografische Lage zwischen den Weltmetropolen

020bb-gs

derts in Baden-Baden entstand. Das Grundstück für die dreischiffige Hallenkirche aus hellem Sandstein hatte die Stadt der 1832 entstandenen evangelischen Pfarrgemeinde geschenkt. 1864 wurde die Kirche eingeweiht. Allerdings ohne ihre heute das Bild bestimmenden Türme. Die wurden erst zwölf Jahre später fertig und durch Spenden der Casinobetreiber finanziert. Über dem Eingang zur Kirche sind die Statuen der vier Evangelisten zu sehen, Porträts der vier Reformatoren Luther, Melanchthon, Calvin und Zwingli schmücken die Glasfenster des Langhauses. Die Chorfenster zeigen Jesu Geburt, Kreuzigung und Auferstehung.

Neben der Kirche findet sich das **Kongresshaus** (Augustaplatz 10) mit drei großen Konferenz- und 13 Sitzungsräumen, der ideale Rahmen für Kongresse mit bis zu 2000 Teilnehmern. Weiträumige Foyers erlauben Fachausstellungen und Messen. Im ehemaligen **Haus des Kurgastes** gleich nebenan (Augustaplatz 8) sitzt der Reiseveranstalter HLX-Touristik, eine Gründung des Medienunternehmers Karlheinz Kögel, der schon Media Control und l'tur gegründet hatte. Im ehemaligen **Palais Gagarin** (Augustaplatz 1), benannt nach einer russischen Fürstin, sind ein angesagtes Restaurant (Rizzi WineBistro & Restaurant, s. S. 87) und das Standesamt mit seinem schönen Trausaal zu Hause. Es ist der Rest eines Palastes, der einst hier stand und im Zuge der Neugestaltung des Augustaplatzes weitgehend abgerissen wurde. Gegen Osten begrenzt die **Lichtentaler Straße** den Augustaplatz, eine Straße mit kleinen, oft schicken Läden. Eines der schönsten Gebäude ist das **Goldene Kreuz** (Lichtentaler Straße 13), ein Ende des 19. Jahrhunderts erbautes Wohn- und Geschäftshaus mit neobarocker, weißer Sandsteinfassade und schönem Innenhof.

Auf dem Weg vom Augustaplatz Richtung Kurhaus ❸ steht unter Bäumen der **Buberlbrunnen**, den ein nackter Junge krönt – ein Nackedei, den sittenstrenge Bewohner Baden-Badens nach seiner Aufstellung 1910 anfangs immer wieder ankleideten. Heute dient der Wasserspender in den Sommermonaten vor allem den Kutschpferden als Tränke. Nur ein paar Schritte vor der großen, den Platz dominierenden Brunnenanlage, deren Fontäne nicht zu übersehen ist, findet sich ein gepflasterter Stern auf dem Boden, der Baden-Baden als zentrale Weltstadt ausweisen soll. Lokalpatrioten haben die Entfernungskilometer zu vielen Metropolen in den Boden eingelassen – etwa Zürich 156 km, Rom 960 km, Madrid 1300 km, Berlin 500 km, Tokio 9250 km oder New York 6200 km.

⓬ Leopoldsplatz ★ [D3]

Der Leopoldsplatz – die Einheimischen nennen ihn nur Leo – ist so etwas wie das Herz der Stadt. Er erinnert an den einstigen Landesvater Großherzog Leopold (1790–1852), dem man hier 1861 ein im Zweiten Weltkrieg wieder eingeschmolzenes Denkmal errichtet hatte. Bis ins 19. Jahrhundert stand auf dem heutigen Leopoldsplatz ein Tor der Stadtmauer, das 1822 abgebrochen wurde und so Platz für die Stadterweiterung schuf.

Schnell wurde der Leo, von dem gleich mehrere Straßen sternförmig abzweigen, zum **Verkehrsknotenpunkt.** So führt die Luisenstraße Richtung Weststadt, die Gernsbacher Straße Richtung Rathaus, die

Sophienstraße ⓭ ins Bäderviertel und die Lichtentaler Straße zu den Schwarzwaldhöhen. Richtung Westen verlängert sich die Sophienstraße ins Kurviertel mit Kurhaus und Theater. Kein Wunder also, dass sich am Leopoldsplatz schon früh die Autos ballten und uniformierte Polizisten – wie ein schönes Foto im Stadtmuseum ❾ zeigt – den Verkehr regeln mussten. Geruhsamer wurde es hier erst 1989 nach dem Bau des **Michaelstunnels**, der die Sperrung des Platzes für den Durchgangsverkehr mit sich brachte. Nur noch Busse des öffentlichen Nahverkehrs dürfen den Platz seitdem queren.

Am Südwestende des Leo befindet sich die anno 1808 errichtete **Villa Hamilton.** Sie gilt als erstes repräsentatives Bauwerk vor der einstigen Stadtmauer. Ihren Namen verdankt sie der Gattin des Herzogs von Hamilton, die das Haus zu einem gesellschaftlichen Treffpunkt machte. 1900 übernahm die Stadt das Haus, das 1954 komplett saniert wurde. Nur noch die Fassade blieb stehen. Heute ist die Villa Hamilton Sitz einer Sparkasse.

⓭ Sophienstraße ★★ [E3]

Vom Leopoldsplatz führt die Sophienstraße mit ihrer breiten Baumallee Richtung Bäderviertel. Hotels, Wohn- und Geschäftshäuser säumen sie zu beiden Seiten. Bis zu 40.000 Euro, manchmal auch noch mehr, sind die Uhren und Schmuckstücke teuer, die in den Schaufenstern am Anfang der Straße ausliegen. Hotels und teure Modegeschäfte wie Hermès oder Bogner sind hier ebenso zu Hause wie Ärzte, Steuerberater und Anwälte, die in ihren Kanzleien Millionendeals abwickeln.

EXTRATIPP

Baden-Badener Kaffeehauskultur

Das **Café König** (s. S. 95) ist eine Institution: Café, Patisserie und Confiserie in einem. Ein Traditionscafé, wie es so schön heißt. Fremde und Einheimische lassen es sich hier gut gehen, vom Frühstücksmorgen bis zum Nachmittag bei Kaffee und Kuchen. Kuchen, Schokolade und Pralinen werden täglich frisch im Stammhaus der Gmeiners, zwei Routiniers der Branche, in Oberkirch gefertigt und nach Baden-Baden gebracht, allesamt Qualitätsprodukte wie die Linzer Torte, die besonders mundet. Im Sommer lädt den Genießer die Terrasse unter einem Kastanienbaum.

Als Grabenstraße war die Sophienstraße Anfang des 19. Jahrhunderts entstanden. Ein neuer, mit Schatten spendenden Kastanien bepflanzter Weg jenseits der alten, damals abgebrochenen Stadtmauer, der schon bald den Namen der badischen Großherzogin Sophie erhielt. Schnell wurde die Sophienstraße zur **begehrten Wohnadresse**, in der sich der Revolutionsdichter Georg Herwegh (Sophienstraße 21) ebenso wohlfühlte wie andere Dichter und Denker. Besonders gern wohnten hier Russen wie der Schiller- und Goethe-Übersetzer Schukowski (Sophienstr. 5), der hin und wieder auch Puschkin oder Gogol zu Gast hatte. Auch heute noch finden sich russische Schriften und Namen an mancher Haustür. In russischer Sprache wirbt man auch am Eingang des **Fabergé Museums** (s. S. 80), das Arbeiten des russischen Goldschmieds und Juweliers Peter Carl Fabergé zeigt. Beachtenswert ist der vor allem im Sommer un-

EXTRAINFO

Kostenloses Wasser mit Vorsicht genießen

Die Fettquelle am Römerplatz (14), der Reiherbrunnen in der Sophienstraße (13) und der Wassersprudel in der Trinkhalle (2) sind öffentlich zugängliche Wasserspender. Das dort auslaufende **Thermalwasser** ist natürlich und unbehandelt und birgt unter Umständen Legionellen und andere Keime, die **Erkrankungen auslösen können.** Das im Wasser naturbedingt enthaltene **Arsen** hat eine **krebserregende Wirkung.** Darauf weist das Staatliche Gesundheitsamt pflichtgemäß hin.

ter den Bäumen fast versteckte **Reiherbrunnen,** der seinen Namen drei Vogelskulpturen verdankt. Er gehört zu den wenigen öffentlichen Thermalbrunnen der Stadt.

(14) Römerplatz ★★★ [E3]

Der **Römerplatz** ist das Herz des Bäderviertels. Um ihn gruppieren sich die beiden größten Thermen der Stadt, das **Friedrichsbad** (16) und die **Caracalla Therme** (17). Unter ihm finden sich die **Römischen Badruinen** (15), die Reste römischer Kuranlagen, und mit **Spitalkirche** (18) und **Stiftskirche** (19) befinden sich auch zwei alte Kirchen ganz in der Nähe. Vom Römerplatz führt neben der **Fettquelle,** eine der wenigen öffentlichen Thermalquellen Baden-Badens, und vor der Fassade der Klosterschule „Vom Heiligen Grab" eine Treppe zum 1870 erbauten Friedrichsstollen. Er fasst das Wasser von insgesamt vier Quellen, die mit einer Temperatur von 64 bis 68 Grad an die Oberfläche strömen.

(15) Römische Badruinen ★ [E3]

Unter dem Römerplatz finden sich die wichtigsten Zeugen römischer Badekultur: die **Reste des ehemaligen Soldatenbads.** Sie kamen Mitte des 19. Jahrhunderts beim Bau des Friedrichsbads zum Vorschein, wurden aber erst in den 1960er-Jahren der Öffentlichkeit zugänglich gemacht. Lange Zeit stapften die Besucher direkt über die antiken Böden, bis man sie Anfang des neuen Jahrtausends in eine eigene Museumslandschaft integrierte. Seitdem durchschreitet man die Reste des Soldatenbads – so genannt, weil hier vor allem Legionäre gekurt haben sollen – auf einem stählernen Steg. Besonders gut ist von hier aus das System von **Fußboden- und Wandheizungen** der Therme zu erkennen, eine frühe technische Meisterleistung. Farbige Lichtinseln von Blau über Gelb zu Rot helfen dem Betrachter, die Funktion des römischen Heizsystems zu verstehen. Wie es damals wirklich ausgesehen haben könnte, zeigt eine technisch perfekte Computeranimation im Eingangsbereich.

Zeitzeugen von damals sind auch ein paar **Weihesteine für römische Gottheiten,** die vor den Badruinen zu finden sind. Vom kleinen Museum führt ein unterirdischer Gang zu einer großen Parkgarage und zur Caracalla Therme (17). Eine Leuchtwand und illuminierte Glasvitrinen, in denen sich u. a. römische Badesandalen, Öllämpchen, Kämme und Haarnadeln finden, allerdings meist nur als Kopie, geben einen Einblick in die Badewelt zu Anfang unserer Zeitrechnung.

› **Römische Badruinen,** Römerplatz 1, Tel. 07221 275934, www.carasana.de, Mitte März–Mitte Nov. tgl. 11–12 und 15–16 Uhr, Eintritt: 2,50 €, Fotoaufnahmen sind nicht erlaubt

⑯ Friedrichsbad ★★★ [E3]

Das Friedrichsbad gilt noch immer als eines der schönsten deutschen Thermalbäder des 19. Jahrhunderts. „Hier im Friedrichsbad vergessen Sie nach 10 Minuten die Zeit und nach 20 Minuten die Welt“, soll Mark Twain, der große amerikanische Dichter, nach einem Besuch des Gesundheitstempels einmal geschrieben haben. Ein Qualitätsurteil, das auch heute noch viele Gäste teilen. Gebadet wird traditionell textilfrei, sodass man als Besucher weder Badeanzug noch -hose braucht. Handtücher und Badelatschen gibt es bei den Umkleiden bzw. Duschen. „Der ideale Weg“, wirbt man im Friedrichsbad, „sieht so aus: Duschen, Wärme, Hitze, Duschen, Massage, Duschen, Dampf, Heißdampf, Vollbad, Sprudelbad, Lockern, Duschen, Kaltbad, Abtrocknen, Cremen, Ruhen, Lesen“.

Schon bei seiner Eröffnung 1877 galt das Friedrichsbad zu Füßen des Florentinerbergs, wo schon die Römer die heißen Quellen nutzten, als modernstes Badehaus Europas. Es löste das noch heute hinter ihm direkt am Berghang stehende **„Alte Dampfbad“** ab. Mit Ausnahme einer Quellfassung erinnert in dem einfachen Gebäude, das inzwischen als Ort für Kunstausstellungen dient, aber nichts mehr an den einstigen Badebetrieb, der mit der Fertigstellung des Friedrichsbads aufgegeben wurde.

Das Friedrichsbad war die Antwort der Stadt auf die Schließung des Casinos im Jahr 1872. Nicht mehr das Glücksspiel und andere Formen der Unterhaltung sollten jetzt den Urlauber locken, sondern ein Spaßbad der Superlative: eine **Bilderbuch-Therme** aus rotem und weißem Sandstein. Ihr Vorbild waren die großen römischen Thermen, an denen sich auch der Grundriss orientierte. So schmückten das neue Bad wie die antiken Caracalla- oder Diokletians-Thermen **korinthische Säulen** und **eine gewaltige Kuppel**, die noch heute manchen Badegast ehrfürchtig staunen lässt. Bei der Gestaltung des Kuppelsaals ließ sich der Architekt vom Raitzenbad in Budapest, aber auch von den Kuppeln des Pantheon und des Petersdoms in Rom inspirieren.

Auch außen zeigten die Bauherren Größe und verzierten die **Fassaden** mit Porträts und Figuren, die Herrscher und Gelehrte zeigten, die sich in der Bäderhistorie oder der Geschichte Baden-Badens einen Na-

021bb-gs

☒ *Die Amphoren an der Rückseite des Friedrichsbads gehören zu einer Kunstinstallation*

EXTRAINFO

Handys sollen draußen bleiben – und andere Verhaltensregeln

In Friedrichsbad 16 und Caracalla Therme 17 gilt ein Handy-Verbot im textilfreien Bereich. Die Betreiber der Anlagen empfehlen, das Smartphone einfach mal zu Hause zu lassen. Auch Fotoapparate dürfen nicht mit in die Badeanlagen genommen werden. Letzter Einlass in die Thermen ist zwei Stunden vor Ende der Badezeit im Friedrichsbad, neunzig Minuten vorher in der Caracalla Therme. Liegen dürfen nicht reserviert werden und vor dem Baden muss man gründlich duschen! Handtücher und Badeschuhe sind im Friedrichsbad im Eintrittspreis mit inbegriffen.

men gemacht hatten – so etwa Kaiser Hadrian, Frankenkönig Dagobert, die Ärzte Hippokrates und Paracelsus oder der Chemiker Wilhelm Bunsen. Auch mancher Spruch ist an der Fassade zu lesen – etwa das von Victor von Scheffel umformulierte Zitat aus Goethes Faust „Wunderwirkend schäumt die Welle, Strömt der heiße Dampf der Quelle, Muth wird freier, Blut wird neuer, Heil dem Wasser, Heil dem Feuer!“ In den monumentalen Bogen über dem Eingangsportal stellte man die Büste Großherzog Friedrichs von Baden, dem die Therme ihren Namen verdankt.

Im Lauf der Jahre wurde das Bad immer wieder renoviert, die Fliesen erneuert oder der Marmorboden geschliffen. Auch die Ruheräume wurden immer wieder aufgehübscht, damit sich die Gäste wohlfühlen. Nur das Thermalwasser stammt nach wie vor aus dem mit Natursandstein und Klinker ummauerten **Friedrichstollen**, der das aus einer Tiefe von bis zu 2000 Meter kommende Wasser fasst. Sein Eingang findet sich – etwas versteckt zwischen viel Grün – gleich hinter dem Gebäude. Zur Ausstattung gehören heute zwei Thermaldampfbäder, ein Thermalvollbad neben einem Bewegungs- und Sprudelbad, die ebenfalls Thermalwasser speisen. Zur Abkühlung dient ein 18 Grad kaltes Wasserbad. Dazu kommen Warm- und Heißluftbäder, ein Ruheraum, zahlreiche Duschen und ein Leseraum. Zu den traditionellen Anwendungen gehören vor allem Seifenbürstenmassagen, die den Kreislauf ebenso auf Touren bringen wie der Wechsel zwischen warm und kalt. So wird die Körpertemperatur langsam nach oben gebracht, ehe sie in den kühler werdenden Temperaturen der einzelnen Becken wieder sinkt. Es sind Erfahrungen des Körpers, die ihm bei der Stärkung seiner Immunabwehr auf alle Fälle entgegenkommen. Montag und Donnerstag sind die Geschlechter getrennt – an allen anderen Tagen wird gemischt gebadet.

› **Friedrichsbad,** Römerplatz 1, Tel. 07221 275920, www.carasana.de/de/friedrichsbad, tgl. 9–22 (letzter Einlass zwei Stunden vor Schließung), Eintritt: 39–61 €, dienstags After-Work-Tarif 19 €. Kinder unter 14 Jahren haben keinen Zutritt. Ältere Kinder müssen von einem Erwachsenen begleitet werden. Der Kuppelsaal ist der einzige Raum, in dem Frauen und Männer immer gemeinsam baden können.

17 Caracalla Therme ★ [E3]

Das Pendant zum mehr als ein Jahrhundert älteren Friedrichsbad ist die in den 1980er-Jahren entstandene Caracalla Therme: ein von Licht durchfluteter Badepalast, der zu den meistbesuchten Attraktionen der Stadt zählt. Der Name erinnert an den römischen Kaiser Caracalla, der angeblich auch im römischen Baden-Baden zu den Gästen gezählt haben soll.

Wie das Friedrichsbad bezieht auch die Caracalla Therme ihr Wasser aus dem **Friedrichstollen.** Den Badegästen wird es auf zwei Etagen in mehreren Innen- und Außenbecken von 18 bis 38 Grad wohltemperiert serviert. Besonders geschätzt wird der große Außenbereich der Therme mit zwei Whirlpools und einem Strömungskanal. Selbst an kalten Wintertagen lässt es sich im heißen Thermalwasser so trefflich entspannen. Eine große Liegewiese lädt im Sommer zum Sonnenbad. Und nicht fehlen darf auch in der Caracalla Therme eine große **Wellnesslandschaft** mit verschiedenen Saunen und einem Dampfbad.

Montags bis freitags (außer an Feiertagen) lädt die Therme um 11.30 Uhr zur kostenfreien **Wassergymnastik** ein, zur Dehnung und Kräftigung der Muskeln. „Das heiße Thermalwasser wirkt dabei unterstützend und bietet Widerstand“, werben die Thermen für diese Form der Körperertüchtigung. „Zwar ist Wasser erheblich dichter als Luft und erfordert einen erhöhten Kraftaufwand, doch wird der Körper durch die Auftriebskraft des Wassers entlastet. Stehen Sie also bis Brusthöhe im Wasser, spüren Sie nur 80 % Ihres Körpergewichts, trainieren jedoch mit viel Kraft, was einen hohen Trainingserfolg garantiert.“

Eine Wellnessabteilung verwöhnt mit Massagen und Kosmetikbehandlungen. Ein Restaurant hilft, wenn Hunger oder Durst den Badegast plagen und im hauseigenen Shop gibt es Badehosen und Bikinis in fast allen Größen. Das passende Handtuch kann man ausleihen, sodass auch einem spontanen Badebesuch, etwa an einem Regentag, nichts im Wege steht.

› **Caracalla Therme,** Römerplatz 1, Tel. 07221 275940, www.carasana.de/de/caracalla-therme, tgl. 8–22 Uhr, Eintritt: 15–23 €. Kinder unter 7 Jahren dürfen nicht in die Therme, bis 14 Jahre in Begleitung eines Erwachsenen. Ab 2022 werden die Thermen saniert und bleiben dann eine Zeit lang geschlossen.

18 Spitalkirche ★★ [E3]

Im Schatten der Caracalla Therme befindet sich die Spitalkirche, einer der ältesten Bauten der Stadt. Ihr Name erinnert daran, dass in dem einst angrenzenden **Spital** jahrhundertelang Kranke behandelt und aufgenommen wurden. 1351 fand sie als „Kapelle der seligen Jungfrau zum Spital“ erstmals urkundlich Erwähnung. Aus dieser Zeit stammt auch ein heute im Inneren des Gotteshauses aufgestellter Grabstein. Er stammt vom **mittelalterlichen Friedhof** der Stadt, der unmittelbar hinter der Spitalkirche lag und erst 1843 aufgelöst wurde.

Zwischen 1468 und 1478 erfolgte der Neubau der Spitalkirche, die 1689 durch die **Franzosen** ebenso wie das benachbarte Kloster vom Heiligen Grab schwer verwüstet wurde. Nur der Chor, die Umfassungsmauern und die Sakristei blieben erhalten. Mitte des 18. Jahrhunderts wurde die Kirche wiederhergestellt, eine flache Decke eingezogen und der Bau mit einem barocken Turm gekrönt. Mitte der 1960er-Jahre musste die Spitalkirche wegen des Baus des Augustabads, dem Vorläufer der Caracalla Therme, um rund ein Sechstel ihrer Länge gekürzt werden. Die Architekten nutzten diesen eigentlich widrigen Umstand, um die gotische Form der Kirche wiederherzustellen.

Heute dient die Kirche der **altkatholischen Gemeinde** Baden-Badens als Heimstatt, die hier ihre Gottesdienste feiert. Künstler aus verschiedenen Jahrhunderten haben zur Ausschmückung des Gotteshauses beigetragen. Prunkstück ist das im Jahr 1512 vom Pforzheimer Meister Hans Kern geschaffene **Chorgestühl** mit seinen Stuhlwangen und Misericordien, eines der wertvollsten Zeugnisse spätmittelalterlicher Schnitzkunst im deutschen Südwesten. Ganz im Gegensatz dazu stehen die modernen, in den 1950er-Jahren geschaffenen Fenster des Kunstmalers und Glaskünstlers Harry McLean. Sie zeigen Visionen der Apokalypse.

Gleich hinter der Kirche findet sich ein sehenswertes **gotisches Gruppenbild in Stein**, eine Ölbergs-Szenerie aus dem frühen 15. Jahrhundert. Hier lohnt es, einmal innezuhalten, um die Figuren auf sich wirken zu lassen – etwa die Gesichter der von Jesus Abschied nehmenden Apostel, in denen mehr Freude als Trauer aufscheint und denen auch der bevorstehende Tod Jesu mehr Hoffnung als Angst macht. Diese Botschaft verkörpert übrigens auch die Eingangstür der Spitalkirche. Sie stellt die Auferweckung der Toten nach der Vision des Propheten Hesekiel dar. „Ich bin der Weg, die Wahrheit und das Leben“, ist da zu lesen. „Niemand kommt zum Vater denn durch mich.“

› **Spitalkirche,** Römerplatz 13, Tel. 07221 53428, www.altkatholisch.de, tgl. 9–19 Uhr, Gottesdienst: So. 10 Uhr

19 Stiftskirche Unserer Lieben Frau (Liebfrauen) ★★ [E3]

Zu den wichtigsten Sehenswürdigkeiten Baden-Badens gehört die Stiftskirche Unserer Lieben Frau. Sie ist das älteste Gotteshaus der Stadt, eine jahrhundertealte Trutzburg des Glaubens und unübersehbar, weil ihr mächtiger Turm aus jeder Perspektive aus der Altstadt herausragt. Gerade wurde er für 1,5 Millionen Euro gründlich saniert. Jetzt ist die Kirche selbst dran, die bis 2023 in neuem Glanz erstrahlen soll.

022bb-gs

Komplett neu gestaltet wird der **Innenraum der Kirche**, der der abnehmenden Zahl von Kirchenbesuchern Rechnung trägt. So werden das Gestühl verkleinert, der Mittelgang vergrößert und die Beichtstühle durch einen neuen Gesprächsraum ersetzt. Wände und Böden werden generalsaniert, der Haupteingang reaktiviert. Und einen neuen Platz bekommt auch die spätgotische **Madonna** mit dem nackten Jesuskind. Die 1,15 Meter hohe Figur wurde um das Jahr 1500 aus Sandstein gehauen und 1987 restauriert. Damals erhielt sie auch wieder ihr Zepter.

Noch älter als die Madonna ist die **Geschichte des Gotteshauses**, das Markgraf Hermann V. (1160–1243) in der ersten Hälfte des 13. Jahrhunderts zu Füßen des Florentinerbergs in der gerade erst von seinem Vater mit einer Mauer umgebenen Stadt bauen ließ. Von dieser romanischen Kirche zeugen bis heute vor allem die untersten Geschosse des wuchtigen Westturms. Bereits im 15. Jahrhundert wurde der Bau gotisch umgestaltet. 1474 entstand der Schmuck über dem romanischen Turmeingang wie die Veronika mit dem Schweißtuch. Die Originalfiguren befinden sich heute im Stadtmuseum 9.

Mit der **Reformation** wurde die Stiftskirche zum Spielball zwischen Katholiken und Protestanten. Je nachdem, welcher Konfession der amtierende Markgraf angehörte, wurde Baden-Baden mal protestantisch, mal katholisch regiert. In der Folge wurde im frühen 17. Jahrhundert vom damals protestantischen Markgrafen wie andernorts auch ein sogenanntes Simultaneum eingeführt. Das hieß, die Kirche stand frühmorgens den Katholiken, danach den Protestanten zur Verfügung. Eine Regelung, die ständig für Zwietracht sorgte. So beschwerten sich die Katholiken immer wieder, an den kirchlichen Hochfesten wie Weihnachten oder Ostern zu wenig Zeit für ihre Gottesdienste zu haben. Der protestantische Markgraf, der die Regelung verfügt hatte, empfahl ihnen darauf, einfach schon nachts Gottesdienst zu feiern.

073bb-gs

Die Stiftskirche Unserer Lieben Frau ist das älteste Gotteshaus der Stadt

Eine spätgotische Madonna ziert die Marienkapelle, die bis 2023 ganz neu gestaltet wird

Ein gutes Jahrzehnt später hatte wieder ein katholischer Markgraf das Sagen, der eine massive Gegenreformation startete und gleich zwei neue Orden in die Stadt holte, die im Wechsel mit den Stiftsherren predigten: Kapuziner und Jesuiten. Beim **großen Stadtbrand 1689** – das Feuer hatten die Truppen des französischen Königs Ludwig XIV. im Rahmen des pfälzischen Erbfolgekrieges gelegt – brannte die Kirche fast vollständig nieder. Sogar die Glocken schmolzen damals im Flammenmeer. Den anschließenden **Wiederaufbau** prägte der **Barock**, wie der Turmaufbau mit den großen, um 1712 entstandenen Hauben zeigt. Auch innen erhielt die Kirche ihr barockes Gepräge. Schließlich führte die Säkularisation zur Auflösung des Stifts.

Romanik, Spätgotik, Barock, Klassizismus und Neugotik drückten der Stiftskirche im Lauf der Jahrhunderte ihre Stempel auf. Das gilt auch für ihre Ausstattung, zu deren Prunkstücken die Grabmäler der Markgrafen im Chor zählen. Schließlich war die Kirche von 1391 bis 1793 Begräbnisstätte der markgräflichen Familien. Besonders prachtvoll geriet das 1753 entstandene **Epitaph für den Markgrafen Ludwig Wilhelm von Baden**, der besser als „Türkenlouis" bekannt war. Es zeigt den Herrscher als Feldherrn mit Brustharnisch und Feldherrenstab umgeben von allegorischen Figuren, die Tapferkeit, Gerechtigkeit und Weisheit verkörpern sollen. Am linken Pfeiler des Chorbogens ist ein **spätgotisches Sakramentshäuschen** beachtenswert, das Ende des 15. Jahrhunderts entstand und mit seiner Höhe von 12,85 Meter, wie mancher Betrachter findet, einer überdimensionalen Monstranz gleicht.

Gründlich renoviert werden auch die Kirchenschätze wie das sechs Meter hohe **Steinkreuz** von Niclaus Gerhaert van Leyden im Chor der Kirche. Anno 1467 wurde es aus einem einzigen Kalksandsteinblock gehauen und stand jahrhundertelang auf dem ehemaligen Stadtfriedhof hinter der Spitalkirche **18**. Schön anzusehen ist auch eine vermutlich um 1490 entstandene, aber barock anmutende **Sandsteinfigur des heiligen Christophorus**. Oder eine sogenannte **Sitzmadonna** aus Lindenholz, die dem 14. Jahrhundert zugeschrieben wird. Leider ist das Jesuskind, das sie einmal in Händen hielt, abhandengekommen.

Auf über 6 Millionen Euro werden die Kosten für die **Neugestaltung** der Kirche veranschlagt, die auch viel Platz für Ausstellungen und neue pastorale Arbeit schaffen soll. Geld, das Kirche, Staat, Stiftungen und Spender aufbringen sollen. 2023, so hofft die Kirchenleitung, werden die Umbauarbeiten beendet sein.

Einen hohen Stellenwert hat die **Kirchenmusik** in Baden-Badens Stiftskirche, die sich in festlichen Gottesdiensten und großen Konzerten zeigt.

> **Stiftskirche Liebfrauen**, Marktplatz, www.meine-stiftskirche.de, tgl. 9-17 Uhr, Gottesdienst: So. 9.30 und 18, Do. 12.15 Uhr. Während der Umbauarbeiten kann es zu Schließungen kommen.

Vor ungewisser Zukunft: das Neue Schloss

20 Neues Schloss ★ [E3]

Über der Altstadt erhebt sich das Neue Schloss: eine typische **Höhenburg.** 1453 als „Baden alt und nuwe sloße" erstmals erwähnt, existierte die Anlage vermutlich schon im späten 14. Jahrhundert. Als seine Gründer gelten **Markgraf Rudolf VII.** und sein Bruder **Bernhard.** Sie errichteten auf den Höhen über dem Stadtkern einen Wohnturm, dessen Kellergeschoss noch heute erhalten ist. Seinen weiteren Ausbau verdankte das Schloss schließlich dem gestiegenen Repräsentationsbedürfnis der badischen Markgrafen, das im alten Schloss auf dem Felsen weitab der Stadt nicht mehr zu befriedigen war.

Ab 1479 baute **Markgraf Christoph I.** die Anlage deshalb **zur Residenz der Markgrafen von Baden** um, die dort bis zum Ende des 17. Jahrhunderts ihren Sitz hatten. Im Spanischen Erbfolgekrieg wurde der Bau von den Franzosen zerstört, im frühen 18. Jahrhundert aber wieder aufgebaut. Im 19. Jahrhundert diente das Schloss den Großherzögen als Sommerresidenz und wurde 1919 dem Haus Baden als Privateigentum zugesprochen. Die neuen Eigner ließen 1995 bei Sotheby's das Inventar versteigern, später verkauften sie die ganze Immobilie.

Zurzeit ist ihr weiteres Schicksal ungewiss. Pläne, sie in ein Hotel umzuwandeln, haben sich zerschlagen. Besuchern bleibt im Moment so nur der einmalige Blick von der im 17. Jahrhundert angelegten Aussichtsterrasse, die einem Baden-Baden buchstäblich zu Füßen legt.

› **Neues Schloss,** Schlossstraße 22

Außerhalb des Stadtzentrums

21 Südwestrundfunk ★ [A7]

„O holder Friede, steig hernieder. Kehr in der Menschen Herzen wieder. Dann ist die Erd' ein Himmelreich und Sterbliche sind Göttern gleich [...]", so elegisch startete der **Südwestfunk** am **31. März 1946** sein Programm. Die dazu passenden Töne aus Mozarts Zauberflöte wurden schnell zur Eingangs- und Pausenmelodie des Senders. Einen Tag früher als geplant hatte man in Baden-Baden zu senden begonnen, damit niemand das Ganze für einen Aprilscherz hielt. Als Sendeanstalt diente das ehemalige Hotel Elisabeth am Fremersberg. Den Speisesaal hatte man zum Sendesaal umfunktioniert, die Regie saß im angrenzenden Frühstückszimmer. Gesendet wurde in Kurzwelle und ausschließlich live. Nachrichten durften nur von der französischen Nachrichtenagentur übernommen werden, zu tief war noch das Misstrauen der französischen Besatzer gegenüber den Deutschen.

Die kostbaren Schellackplatten mit der passenden Musik lagen im Eisschrank des Hotels und viele Badezimmer hatte man zu Büros umfunktioniert, indem man einfache Bretter als Schreibtische über die alten Badewannen legte. 1954 kam das Fernsehen hinzu, das aus der zum Studio verwandelten ehemaligen Stadthalle an der Leopoldstraße sendete. Dort auch entstand das erste Fernsehspiel des Senders: „Unsere kleine Stadt" von Thornton Wilder mit Liselotte Pulver in einer der Hauptrollen.

Bis 1998 wurde so in Baden-Baden Programm gemacht, ehe der Südwestfunk (SWF), die Landesrundfunkanstalt für Rheinland-Pfalz und das südliche Baden-Württemberg, mit dem Süddeutschen Rundfunk (SDR) in Stuttgart zur neuen Zwei-Länder-Anstalt **Südwestrundfunk (SWR)** verschmolz und Baden-Baden an rundfunkpolitischer Bedeutung verlor. Wichtiger Standort des Senders blieb die Stadt aber weiterhin. So werden im **Funkhaus Baden-Baden** heute noch immer mehr als zwei Drittel des Gemeinschaftsprogramms des SWR-Fernsehens verantwortet. Auch die landesübergreifenden Radiowellen SWR2 und SWR3 sowie das junge Programm DASDING kommen aus Baden-Baden. Zulieferungen an die Sender 3sat, ARTE, PHOENIX und KiKA werden ebenfalls in Baden-Baden koordiniert.

Wer will, kann im Rahmen einer zweieinhalbstündigen **Führung** wochentags zwischen 9 und 19 Uhr und samstags zwischen 9 und 17 Uhr einen Blick hinter die Kulissen des Senders werfen, das eine oder andere Studio kennenlernen und Medienschaffenden bei der Arbeit zuschauen. Es handelt sich um Gruppenführungen, zu denen man sich im Vorhinein telefonisch anmelden muss.

› **Funkhaus Baden-Baden,** Hans-Bredow-Straße, Tel. 07221 92923316 oder 24040 (vormittags), www.swr.de. Vom Bahnhof Baden-Baden mit Buslinie 216 bis zur Haltestelle Hans-Bredow-Straße.

22 Rosenneuheitengarten auf dem Beutig ★ [B5]

Oberhalb des Kurhauses – gut zwanzig Minuten Fußmarsch bergauf – liegt der Rosengarten auf dem Beutig. Auf 7600 Quadratmetern vereint er **Tausende von Rosen,** rund 900

Sorten in fast allen Farben und Formen. Rosenumrankte Lauben, zum Teil mit antik wirkenden Figuren bestückt, laden mit ihren Sitzbänken zum Verweilen ein – und auch zum Träumen, wenn der Duft vieler Tausend Blüten die Sinne kitzelt.

Der Park, der einen schönen Blick auf Baden-Baden und den Schwarzwald bietet, wurde 1981 im Rahmen der **Landesgartenschau** angelegt. Seitdem ist er das Mekka vieler Rosenfreunde, die sich hier einen einzigartigen Überblick über die Rosenzucht verschaffen können. So finden sich betagte Kletterrosen neben aktuellen Neuzüchtungen, deren Schönste Jahr für Jahr in einem Wettbewerb gekürt wird. Die „**Goldene Rose von Baden-Baden**", von einer internationalen Jury auserwählt, gehört zu den weltweit begehrtesten Trophäen. Kein Wunder, dass manche Baden-Baden für die heimliche Rosenhauptstadt Deutschlands halten. Übrigens: Auch Besucher haben im Rosenneuheitengarten die Qual der Wahl. Sie können ab Mitte Juni mit den am Eingang ausliegenden Stimmzetteln die schönste Rose für den Publikumspreis nominieren.

› **Rosenneuheitengarten auf dem Beutig,** Moltkestraße, geöffnet: Mitte April–Anfang Oktober täglich von 9 Uhr bis zum Einbruch der Dämmerung, spätestens bis 21 Uhr, Eintritt: 1 € (Kinder und Jugendliche bis 18 Jahre frei), Hunde müssen draußen bleiben

23 Rumänisch-orthodoxe Kapelle (Stourdza-Kapelle) ★ [C3]

Auf dem Michaelsberg liegt die 1867 geweihte rumänisch-orthodoxe Kapelle, die **Fürst Michael Stourdza** – er regierte bis 1849 das Fürstentum Moldau – für seinen in Paris an Typhus verstorbenen 17-jährigen Sohn errichten ließ.

Seit 1923 verwaltet die Stadt Baden-Baden die Grablege aus weißem, rotem und braunem Sandstein. Sie wurde vor allem durch ein **Gemälde Max Beckmanns** im expressionistischen Stil bekannt. Beeindruckend ist die 24 Meter hohe **Kuppel** des Gebäudes, üppig sind die Malereien, Gemälde und Ikonen im Inneren. Kupferplatten zeigen den Stifter der Kirche, Fürst Michael Stourdza, seine Tochter Maria, seine zweite Ehefrau, Prinzessin Smaragda Stourdza, und den so früh verstorbenen Sohn Michael. Alle vier sind in der Gruft beigesetzt.

› **Stourdza-Kapelle,** Stourdzastraße, Tel. 07221 28574. Die Kapelle ist während der Gottesdienste zum Gebet geöffnet. Ansonsten sind Besichtigungen nach Voranmeldung tgl. zwischen 10 und 18 Uhr fast immer möglich.

24 Sankt Bernhard ★ [cf]

Jugendstil in Reinkultur. Im Westen der Stadt, am Fuße des Balzenberges, ist die von 1911 bis 1914 erbaute katholische Kirche Sankt Bernhard, im Volksmund **Bernharduskirche** genannt, Blickfang. Vom Bernhardusplatz – wo man parken kann, wenn kein Wochenmarkt ist – führt eine großzügige Treppenanlage zum mächtigen **Kuppelbau** mit seinem grünen Kupferdach. Sie wird von zwei Säulen mit den Statuen der Apostel Petrus und Paulus flankiert. Auf dem **Glockenturm** thront der Kirchenpatron, der in Baden-Baden geborene selige Bernhard von Baden (1428/1429–1458), dem zahlreiche Wunderheilungen nachgesagt werden.

025bb-gs

KLEINE PAUSE

Gutes aus der edlen Knolle

Für alle, die Kartoffeln mögen, ist Sylvias Kartoffelstube die erste Adresse. Pfälzische Markenkartoffeln veredelt Sylvia John Tag für Tag zu feinster Kartoffelsuppe oder Kartoffelpuffern, die mit Apfelkompott, Salat oder ganz edel mit Quark und Räucherlachs auf den Tisch kommen.

Sehen und schmecken lassen können sich auch die mit Champignons und Käse überbackenen Rösti, der Kartoffelauflauf mit Lachs und Spinat oder die Bratkartoffeln, zu denen z. B. Spiegeleier und Bacon serviert werden. An warmen Tagen lockt der Biergarten hinter dem Haus. Touristen trifft man hier fast nie, dafür viele Einheimische, die wissen, dass in der Weststadt Preis und Leistung immer stimmen.

1 [be] **Sylvias Kartoffelstube,** Rheinstr. 97, Tel. 07221 63220, Mo.-Di. und Do. 11-14 und 16-1, Fr.-So. 11-1 Uhr

Der **Innenraum** der Kirche, in deren Pfeiler Kreuzweg-Darstellungen integriert sind, ist mit seinen 450 Sitzplätzen bewusst schlicht ausgestattet. Dadurch konzentrieren sich alle Blicke auf die Kuppel, wo die Himmelsvision aus der Offenbarung des heiligen Johannes Gestalt gefunden hat. Dort werfen sich die in der Bibel zitierten „vierundzwanzig Ältesten", eine Art Thronrat aus Engeln, Gott in Gestalt eines Lammes zu Füßen, um ihn zu verherrlichen. „Würdig bist du, unser Herr und Gott, Herrlichkeit zu empfangen und Ehre und Macht. Denn du bist es, der die Welt erschaffen hat, durch deinen Willen war sie und wurde sie erschaffen", lautete ihr Loblied.

› **Kirche St. Bernhard,** Bernhardusplatz 2, Tel. 07221 63706, tgl. 8-18 Uhr, www.kath-baden-baden.de, Gottesdienst: So. 11 Uhr. Mit Bus 201 fährt man bis zur Haltestelle „Große Dollenstraße" und geht noch einige Meter Richtung Nordosten zu Fuß.

Jugendstil in Reinkultur bietet Sankt Bernhard, auch Bernharduskirche genannt

25 Altes Schloss (Ruine Hohenbaden) und Battert ★★ [cf]

Auf einem Felsgrat des Battert – einem breiten Gebirgszug nördlich der Stadt, der Murg- und Oostal trennt – befindet sich das Alte Schloss: die **Burgruine Hohenbaden.** 1122 wurde die Burg erstmals urkundlich erwähnt, nur wenige Jahre nachdem Hermann II. sich zum ersten Markgrafen Badens ernannt hatte. Ihr Bau entstand in vier Abschnitten zwischen der ersten Hälfte des 12. und Mitte des 15. Jahrhunderts, als die Burg den badischen Markgrafen schließlich als Hauptwohnsitz diente. Zum Aushängeschild wurde der um 1400 entstandene **Bernhardsbau,** dessen Außenmauern noch heute erhalten sind. In ihm verbanden sich fürstlicher Glanz mit zeitgemäßem Wohnstil. Bis zu 100 Räume hatte die Burg so in ihrer Glanzzeit, doch mit dem Bau des Neuen Schlosses 20 auf dem Schlossberg nördlich der Altstadt war diese Ära vorbei und der Verfall der Burg, die man allenfalls noch als Witwensitz oder Gefängnis nutzte, begann. Ende des 16. Jahrhunderts zerstörte schließlich ein **Großbrand** den Bau und die übrig gebliebene Ruine verkam mehr und mehr.

Erst die **Romantik** mit ihrem neuen Sinn fürs Alte rückte den im Wald gelegenen Bau über der Stadt wieder ins Bewusstsein. Ab 1806 kümmerten sich die Denkmalpfleger um Burg Hohenbaden, zu der man im Sommer mit dem Esel zum Picknick pilgerte. Schließlich hat man noch heute vom alten Schlossturm, dem Bergfried, einen **einmaligen Blick über die Stadt.** Bei gutem Wetter liegen die Rheinebene und das Elsass dem Betrachter zu Füßen. Seit 1999 steht in den Ruinen des Rittersaals die **vermutlich größte Windharfe Europas** mit 120 Saiten, die der Wind in den Grundtönen C und G erklingen lässt.

Von der Burg führen schöne **Wanderwege** zum **Battert,** einem der populärsten Kletterfelsen im deutschen Südwesten. Schon im späten 19. Jahrhundert spornten die bis zu 60 Meter hohen, freistehenden Türme des Bergrückens Baden-Badener Gymnasiasten zum Kraxeln an. Heute wird in den roten Felswänden ganzjährig geklettert. Es gibt Routen fast

026bb-gs

Das Alte Schloss ist heute eine viel besuchte Ruine, von der sich ein toller Blick bietet

Panoramaweg

Deutschlands schönster Weitwanderweg 2020, *gekürt vom Deutschen Wanderinstitut, kreist um Baden-Baden. Auf meist halber Höhe führt er um die Bäderstadt: knapp 45 Kilometer auf und ab, die man in vier Etappen zwischen 8 und 14 Kilometern meistern kann. Dabei sind die Routen so konzipiert, dass man immer wieder mithilfe öffentlicher Verkehrsmittel in die einzelnen Teilstrecken des Rundwegs ein- oder aussteigen kann. Die Wegmarkierung ist ein* ***grüner Kreis auf weißem Grund.***

Genau genommen ist der Panoramaweg eine schon 1997 vom Forstamt erschlossene Route, die man noch einmal neu justiert hat.

Start ist am ***Kurhaus*** *3, von wo es durch Altstadt und Bäderviertel zur Terrasse des* ***Neuen Schlosses*** *20 und weiter bergauf zum* ***Alten Schloss*** *25 geht. An den Battertfelsen entlang und durch die Wolfsschlucht geht es dann hinab zur Talstation der MerkurBergbahn, wo die erste Etappe endet.*

Die nächste Etappe führt von der Talstation der Bahn am Fuß des ***Merkur*** *27, Baden-Badens Hausberg, durch Wälder und Wiesen zum*

074bb-gs

Fernseh-Kultort Forellenhof (SWF-Serie aus dem Jahr 1965), der Übernachtung, Speis und Trank bietet.

*Mit einer Streckenlänge von 14,6 km ist die dritte Etappe die längste – quer durch einsame Täler und Wälder, die im Sommer Schatten spenden. Blickfang unterwegs ist der **Geroldsauer Wasserfall** (35), neben dem die Waldgaststätte Bütthof (s. S. 88) zur Pause lädt. Weiter bergan durch den Stadtwald quert der Wanderer die Schwarzwaldhochstraße (s. S. 76). Unten im Tal ist die Geroldsauer Mühle (s. S. 89) schließlich Etappenziel.*

*Über die Gelbeichhütte inmitten dichter Wälder lenkt die Schlußetappe den Weg wieder bergauf zum Louisfelsen auf 415 m Höhe, einem Aussichtspunkt mit Hütte. Etwa auf halbem Weg zur nächsten Hütte, dem Waldhaus Batschari, zweigt ein Weg zur **Yburg** (s. S. 67) ab. Er öffnet traumhafte Blicke auf das **Rebland** (33). Das gilt auch für den Korbmattfelsen, einen auf exponiertem Felsvorsprung gelegenen Aussichtspunkt. Vorbei an der Korbmattfelsenklinik geht es zum **Rosenneuheitengarten** (22) und der **Stourdza-Kapelle** (23) mit ihrer goldenen Kuppel. Jetzt hat einen die Stadt wieder, deren Zentrum man sich treppab zum Kurhaus nähert, Start und Ziel des Panoramarundwegs.*

› *Viele **Informationen** inklusive Karte, Beschreibungen der einzelnen Etappen, Höhenprofil, Flyer im pdf-Format und GPS-Koordinaten: www.baden-baden.com/media/touren/panoramaweg*

◁ Am Grobbach entlang führt der Panoramaweg auf der dritten Tagesetappe

aller Schwierigkeitsgrade, auf denen erfahrene Bergführer auf Wunsch Anfänger und Ungeübte begleiten (www.battertfelsen.de). Wanderer führen gut ausgeschilderte Spazierwege um den Battert, auf dem vermutlich im 6. oder 5. Jahrhundert v. Chr. ein über 1000 Meter langer keltischer Ringwall aus Steinen angelegt wurde – eines der ältesten Zeugnisse für die Besiedlung der Region.

› **Altes Schloss,** Alter Schloßweg 10, Tel. 06221 6588815, www.altes-schloss-hohenbaden.de. Die Burgruine ist ganzjährig und ohne Eintritt zugänglich. Zur Besichtigung ist festes Schuhwerk ratsam – und Trittsicherheit! Über die Öffnungszeiten des Schlossrestaurants informiert: www.fidelitas.de.

(26) Burgruine Alt Eberstein (Ebersteinburg) ★ [de]

Eine **grandiose Sicht** über die Rheinebene bis zu den Vogesen und bei gutem Wetter auch zum Pfälzer Wald erlaubt die Burgruine Alt Eberstein (489 m). Um 1100 hatten die Grafen von Eberstein auf einer Bergkuppe die Burg errichtet, von der allerdings nur noch der Bergfried und eine Schildmauer vorhanden sind. Um die Burg rankt sich eine alte Sage, die ihren Niederschlag in den Gemälden der Trinkhalle (2) gefunden hat. Sie erzählt von den Auseinandersetzungen der Burggrafen mit Kaiser Otto I., die schließlich in ein Happy End mündeten, als der Kaiser seine Tochter Wendelgard dem jüngsten Grafen Eberhard zur Frau gibt.

› **Alt Eberstein,** Rosenstr. 50, Tel. 07221 28899, www.alt-eberstein.de. Der kostenlose Zugang zur Burg richtet sich gewöhnlich nach den Öffnungszeiten des Restaurants (April–Dez. Do. 16–18, Fr. 14–20, Sa., So. 12–22 Uhr).

075bb-gs

27 Merkur ★★★ [df]

Der 668 Meter hohe Merkur ist der Hausberg Baden-Badens. Ein Buntsandsteinkegel, von dem sich ein einmaliger Blick auf Baden-Baden, das Murgtal, den Odenwald, das Haardtgebirge und die Vogesen bietet. Bis ins 17. Jahrhundert hieß der Berg „Großer Staufen", ehe man ihn nach der Entdeckung eines römischen Votivsteins für den römischen Gott Merkur nach der Gottheit neu benannte.

Der Merkurgipfel ist nur zu Fuß oder mit der Bergbahn, der **Merkur-Bergbahn**, zu erreichen. Dies ist die bequemste Art, den Hausberg Baden-Badens zu erklimmen, schließlich spart man sich mit der Bahnfahrt rund 370 Höhenmeter Anstieg.

Im Look der Kaiserzeit: die neu gestylte MerkurBergbahn

Die Bergbahn wurde 1913 fertiggestellt, 1967 aber aus wirtschaftlichen Gründen stillgelegt. Nach einer gründlichen Überarbeitung der Anlage wurde sie zur Freude der Einheimischen 1979 erneut in Betrieb genommen und 2020 generalsaniert und mit Wagen im Look der Kaiserzeit ausgestattet. Noch immer ist die Bergbahn eine der längsten und steilsten Standseilbahnstrecken Deutschlands.

Von der Bergstation aus laden gut ausgeschilderte und sichere **Wanderwege** unterschiedlicher Länge und Steigung nicht nur Kurgäste zum Spaziergang. Bei gutem Wetter ist die kostenlose Aufzugsfahrt auf den 23 Meter hohen **Merkurturm** ein Muss, bietet seine offene Plattform doch eine einmalige Rundsicht. Wem es oben zu zugig ist, ein paar Treppen tiefer kann man hinter schützenden Glasfenstern seinen Blick ebenfalls in die Ferne schweifen lassen. Zu Füßen des Turms gibt es einen Grillplatz und große Liegewiesen, auf denen es sich an heißen Sommertagen besonders gut aushalten lässt. Im ebenfalls generalsanierten „Merkurstüble", dem **Restaurant** an der Bergstation, können Wanderer neue Kräfte tanken. Direkt an der Bergstation findet sich zudem der Startplatz für die **Gleitschirmflieger**, deren waghalsig anmutendes Treiben bei gutem Wetter immer wieder Zuschauer findet.

› Die Bergbahn verkehrt täglich zwischen 9 und 22 Uhr. **Anreise:** Zur Talstation „Merkurwald" fährt man mit dem Auto (Adresse für Navigationsgeräte: Merkuriusberg 2) oder mit den Bussen der Linie 204 ab Leopoldsplatz oder der Linie 205 ab Bahnhof Baden-Baden. Wie es oben aussieht, verrät übrigens die **Webcam** der Stadtwerke rund um die Uhr: www.stadtwerke-baden-baden.de/de/mobilitaet-freizeit/merkurbahn.

028bb-gs

Entdeckungen im Umland

28 Schloss Favorite ★★★ [Umgebung]

Mitten im Grünen, zwischen Baden-Baden und Rastatt, liegt das Schloss Favorite, ein barockes Juwel und Gesamtkunstwerk, das alle Kriege weitgehend unbeschadet überstanden hat. Eingebettet in eine wunderschöne Parklandschaft, gibt es einen guten Eindruck, wie Deutschlands Großfürsten und ihre Gattinnen im 18. Jahrhundert lebten. Wegen seiner vielen mit blau-weißen Fliesen gekachelten Räume wird die Favorite gern auch als „Porzellanschloss" etikettiert. Publikumsmagnet sind die umfangreichen Sammlungen chinesischen Porzellans und europäischer Fayencen. Zur Schlossanlage gehören mehrere Pavillons und Kavaliershäuser sowie die Eremitage mit einem „Heiligen Grab", wohin sich die Schlossherrin hin und wieder zur Einkehr zurückgezogen haben soll.

Ist die Zeit hier stehengeblieben? Wer sich dem Schloss Favorite nähert, ist auf dem Weg in den Barock, denn Schloss Favorite ist der zu Stein gewordene Traum der badischen **Markgräfin Sibylla Augusta**, die sich gleich nach dem Tod ihres Gatten, des Markgrafen Ludwig Wilhelm von Baden-Baden, hierher zurückzog. Im neuen Schloss suchte die Witwe Trost, aber auch Zerstreuung auf Maskenbällen oder bei der Schweinehatz im Schlossgarten, wie eines der Gemälde im Schloss zeigt.

1711 war das dreigeschossige Bauwerk mit seinen beiden Seitenflügeln vollendet worden. Auffallend ist sein **Putz aus Kieseln und gebrochenen Steinen**, wie sie damals vor allem bei der Anlage künstlicher Grotten Verwendung fanden. Die Legende erzählt, dass die Markgräfin während des Schlossbaus arme Kinder gebe-

⌃ *Schloss Favorite ist ein barockes Juwel. Die badische Markgräfin Sibylla Augusta zog sich nach dem Tod ihres Gatten hierhin zurück.*

ten habe, in den Bächen und Flüssen der Region Kiesel zu sammeln. Für jedes Körbchen voller Steine gab es Geld und ein Stück Brot. Ganz den Worten der Bibel entsprechend, machte Sibylla Augusta so „Steine zu Brot" und ließ die Kiesel an der Schlossfassade anbringen.

Zwei geschwungene **Freitreppen**, gesäumt von schönen Statuen, führen ins erste Obergeschoss mit seinen repräsentativen Räumen. Auf dem großen Dreiecksgiebel prangt das Wappen der baden-sachsen-lauenburgischen Allianz, das Herrschaftszeichen der einstigen Schlossherrin. Es ist die Schauseite des Schlosses, vor der sich ein weiter Rasen erstreckt. Letzterer ist Teil des riesigen **Schlossgartens**, der auch zugänglich ist, wenn das Schloss seine Pforten längst geschlossen hat. Anfangs wurde er von breiten Alleen und Wasserspielen bestimmt, ehe er Ende des 18. Jahrhunderts in einen englischen Landschaftsgarten mit zum Teil jahrhundertealten Eichen, Linden und Rotbuchen verwandelt wurde. Ein Rundgang – den passenden Flyer dazu gibt es an der Schlosskasse – führt zu 49 ausgesuchten Bäumen wie dem japanischen Schnurbaum oder der Schirmmagnolie mit ihren großen Blüten. Die Samen für die Exoten hatte der Schöpfer des Schlossparks zu einem Großteil von seinen Englandreisen mitgebracht.

Der Besucher, der das Schloss nur im Rahmen organisierter **Führungen** besichtigen kann, kommt gewöhnlich von der Rückseite, wo die beiden Seitenflügel des Schlosses einen kleinen Ehrenhof bilden. Rechts davon ist der Besuchereingang, wo auch die Tickets für die Schlossbesichtigung zu haben sind. Im Obergeschoss, der sogenannten Beletage, finden sich zwei große **Appartementanlagen:** die der Regentin Augusta und die ihres Sohnes, des anfangs noch unmündigen Markgrafen Ludwig Georg. Alle Räume sind mit prächtigen Wanddekorationen und Böden aus Scagliola, eines schon zur Römerzeit verwendeten Stuckmarmors, kostbar ausgestattet.

Nach dem Vorbild des Schlosses von Versailles sind **die Staats- und Repräsentationsräume** zur Front hin orientiert. So wie das 1725 vollendete **Spiegelkabinett** der Gräfin Sibylla Augusta, ein Traum aus Glas und anderen teuren Ausstattungsmaterialien, den man vor einigen Jahren noch auf Hausschlappen queren durfte. Heute ist leider nur noch durch die Tür ein Blick auf den Raum mit seinen über 300 geschliffenen Spiegeln möglich, die damals ein Vermögen gekostet haben. Bilder an den Wänden zeigen die Hausherrin und ihren Gemahl in verschiedensten Kostümen, wie man sie im 18. Jahrhundert auf den Maskenbällen bei Hof trug.

Nicht weniger verschwenderisch ist das **Florentiner Kabinett** ausgestattet, das Appartement des Erbprinzen. Seinen Namen verdankt es den 55 wertvollsten der 785 Bildtafeln an den Wänden, die aus einer Werkstatt der Medici in Florenz stammen. Auch auf das in Europa einzigartige Kunstwerk kann man nur einen Blick durch die Tür werfen. Die Bildtafeln zeigen Küstenlandschaften, Stillleben, Blumen, Früchte und Vögel und sollen dem Erbprinzen Ludwig Georg als eine Art Lehrbuch gedient haben.

Zwischen den beiden Appartementanlagen liegt der Fest- und Empfangssaal, die sogenannte **Sala Terrena**, wie sie in fast jedem barocken Schloss üblich war. In der Favorite reicht der achteckige Repräsentationsraum durch alle Geschosse bis zur Kuppel. Blau-weiße Fliesen, Imitationen der weltberühmten Delfter Kacheln, dominieren den Raum, in dessen halbrunden Nischen sich zwei große Skulpturen finden. Sie verkörpern Caritas, die christliche Liebe, und Justitia, die Gerechtigkeit. Zwei Tugenden, die für die Landesmutter Sibylla Augusta als fromme Katholikin angeblich von großer Bedeutung waren.

Besonders üppig war einst auch die Ausstattung der **Schlafzimmer** im Schloss. Auch sie sind beim Rundgang zu sehen, so wie das noch original erhaltene Paradebett im Schlafzimmer der Markgräfin. Allerdings hatte das mit chinesischem Seidendamast und italienischem Silberbrokat bezogene Prunkbett mit seinem frei tragenden Himmel nur eine repräsentative Funktion. Geschlafen wurde in einfacheren Betten, die in angrenzenden Privaträumen standen.

Der Schlossrundgang führt gegen Ende in die **Schauküche**, welche die Markgräfin hochrangigen Gästen gern persönlich gezeigt haben soll. Wie der Name schon sagt, wurde hier nur selten wirklich gekocht – und wenn ja, dann sofort penibel aufgeräumt und Töpfe und Pfannen gleich wieder auf Hochglanz gebracht. Höhepunkt jedes Schlossbesuches aber ist die Visite der **Porzellansammlung.** Es ist eine der weltweit größten Schauen asiatischer und europäischer Fayencen, Gläser und Porzellanarbeiten. Prunkstücke sind die aus der Manufaktur in Meißen, zu deren ersten Kunden die Markgräfin gehört haben soll.

Beachtung haben auch die Bauten in der Umgebung des Schlosses verdient. Dazu gehören zwei Pavillons, vier sogenannte Kavaliershäuser und die etwas abseits gelegene Eremitage: ein achteckiger Bau mit einem Kranz kleiner Zimmer um eine zentrale Kapelle mit dem „Heiligen Grab". Zu diesen Bauten gibt es eine Telefonführung (Telefonnummern an der Schlosskasse), die kurze Interviews zu den Bauten und dem Schlosspark bietet. Ergänzt werden die Gespräche mit musikalischen Kostproben des markgräflichen Hofkomponisten und einem fiktiven Interview mit der Markgräfin.

„Festliche Serenaden" heißt eine **Konzertreihe**, die seit 1957 in den Sommermonaten barocke und klassische Kompositionen vorstellt – ganz stilvoll in historischen Kostümen.

› **Schloss Favorite,** Am Schloss Favorite 5, Rastatt-Förch, Tel. 07222 41207, www.schloss-favorite-rastatt.de, Mitte März–Aug. Do.–So. 11–15, Sept.–Mitte Nov. Do.–So. 11–16 Uhr, Besichtigung nur im Rahmen von Führungen. Die knapp einstündigen Rundgänge finden gewöhnlich jede Stunde statt. Eintritt: 9 € (Familien 22,50 €). Für Menschen mit Handicap ist die Schlossführung nur bedingt möglich. Fotografieren ist im Schloss nicht gestattet. Hunde dürfen in den Schlosspark mitgenommen werden – allerdings nur an der Leine. Die Fahrzeit von Baden-Baden zum Schloss beträgt mit dem Auto rund 15 Minuten. Von Rastatt verkehrt die Buslinie 241 nach Förch, von wo ein Fußweg zum Schloss führt.

29 Rennbahn Iffezheim ★ [Umgebung]

Vor allem an Renntagen ist Iffezheim, wo seit Mitte des 19. Jahrhunderts **Galopprennen** stattfinden, immer einen Besuch wert. Heute prägen drei große Rennereignisse das öffentliche Bild. Ihren Anfang macht traditionell das **Frühjahrs-Meeting** im Mai, das es seit 1972 gibt, und als Höhe-

punkt jeden Jahres die **Große Woche** Ende August. Ihr sportliches Highlight ist der „Große Preis von Baden", der von dem Medien stärker als die übrigen Rennen beachtet wird und eine hohe internationale Anerkennung genießt. Neu auf dem Programmkalender ist das **Sales & Racing Festival** im Oktober. Umrahmt werden die Renn-Meetings von Pferdeversteigerungen.

Initiator des Rennbetriebs war der damalige Casinobetreiber **Eduard Bénazet**, der den Kurgästen neben Spielbank und Theater eine weitere Attraktion bieten wollte. Im Februar 1858 unterzeichneten der Iffezheimer Bürgermeister und ein Bevollmächtigter Bénazets einen Pachtvertrag, der die Nutzung eines trockenen Rheinarms am Ortsrand von Iffezheim – wo man damals gern Fasane jagte – als Renngelände erlaubte. In nur wenigen Monaten wurden drei Pavillons errichtet: einer für fürstliche Besucher, einer für Beamte und Pressevertreter und einer für das restliche Publikum. In seinem Obergeschoss fand sich ein Salon mit vorgelagerter Tribüne, im Erdgeschoss ein Restaurant.

Die Rennleitung übernahmen die Spielbank und der französische Jockey-Club, weil der preußische Jockey-Club kein Interesse an den Veranstaltungen gezeigt hatte. Das erste Rennen im Sommer 1858 gewann die Stute Amazone, die allerdings auch ohne Konkurrenten gestartet war.

Alte Stiche und Gemälde, wie sie im Stadtmuseum **9** Baden-Badens zu finden sind, geben gute Eindrücke vom Renngeschehen des 19. Jahrhunderts. Aus dem Schwarzwald reisten die Zuschauer damals mit großen Pferdewagen an, die sie gleich neben der Arena parkten.

Die Galopprennen in Iffezheim sind sportliches und gesellschaftliches Ereignis zugleich

Mit dem Ende des Casinobetriebs, aus dessen Erlösen man den Pferdesport finanzierte, wurde den Rennen in Iffezheim die finanzielle Grundlage entzogen. Zum Retter in der Not wurde der 1872 gegründete **Internationale Club:** eine illustre Schar meist adliger Sportsfreunde, die den Verein zur Durchführung weiterer Rennen zunächst als Aktiengesellschaft gründeten. 1873 wurde so ein erstes „Herren-Frühjahrsmeeting" ausgeschrieben, dem im August vier weitere Renntage mit 80 Startern folgten. Preise von fast 90.000 Mark gab es damals zu gewinnen. Damit war der Grundstein für die damals größte deutsche Galopprennbahn gelegt.

Seitdem wurde in Iffezheim immer wieder in Rennbahn und Rennbetrieb investiert, neue Tribünen gebaut und eine Pferdeklinik angesiedelt. Teure Investitionen waren das, die im Jahr 2009 schließlich zur Insolvenz des Internationalen Clubs führten.

Inzwischen ist die **Baden Racing GmbH** Pächter der Rennbahn, die außer Pferderennen auf dem Gelände auch **Open-Air-Konzerte, Verbrauchermessen** und **Unternehmensveranstaltungen** organisiert. An Preisgeldern werden an den Renntagen zusammen jährlich mehr als zwei Millionen Euro ausgeschüttet. Der „Große Preis von Baden", das gewichtigste aller Rennen, genießt in Deutschland den gleichen Rang wie in England das „Royal Ascot" oder der „Prix de l'Arc de Triomphe" in Frankreich.

› **Galopprennbahn Iffezheim,** Rennbahnstraße 16, 76473 Iffezheim, Tel. 07229 1870, www.baden-racing.com. Vom Leopoldsplatz fährt Bus 218 direkt zur Haltestelle „Rennbahnstraße". Autofahrer brauchen von Baden-Baden zum Rennplatz rund 20 Minuten.

30 Rastatt ★★ [Umgebung]

Sein historisches Gewicht verdankt Rastatt, die anno 1705 zur Stadt erhobene Siedlung, ausgerechnet Baden-Baden, das im Pfälzischen Erbfolgekrieg 1689 arg zerstört wurde. Deshalb verlegte der damals regierende Markgraf seine Residenz von der Oos an die Murg. Mit der Wende vom 17. zum 18. Jahrhundert entstand in Rastatt so ein repräsentatives Residenzschloss 31, zu dessen Füßen schließlich eine nach dem Vorbild von Versailles symmetrisch angelegte Stadt mit breiten Straßen und großen Plätzen gebaut wurde.

Rund 50.000 Einwohner zählt Rastatt heute, das um 1084 als Rasteten in einer Handschrift des Klosters Hirsau erstmals urkundlich Erwähnung findet. 1404 wurde der Ort von König Ruprecht zum Marktflecken erhoben und im Pfälzischen Erbfolgekrieg von den Franzosen fast vollständig zerstört. Anschließend baute man die Siedlung wieder auf, die um 1700 schließlich zur Stadt wurde. Ihr Gesicht aber erhielt sie erst, nachdem Ludwig Wilhelm von Baden hier seine Residenz errichtet hatte. Noch mehr prägte seine Gattin Sibylla Augusta die Stadt, der Rastatt die einmalige **Schlosskirche** verdankt. Gut zwei Jahrzehnte war das barocke Prunkstück aufgrund einer Generalsanierung für Besucher unzugänglich. Und auch jetzt ist es nur im Rahmen **organisierter Führungen** zu besichtigen. Deshalb hat das Land Baden-Württemberg, der Schlossherr, auch den kostenlosen **virtuellen Besuch** der Schlosskirche möglich gemacht:

› www.baden-wuerttemberg.de/fileadmin/redaktion/panorama/schlosskirche-rastatt/index.html

Sibylla Augusta: Badens barocke Landesmutter

Sibylla Augusta war die Witwe des Markgrafen Ludwig Wilhelm, der von 1677 bis 1707 Baden regierte und Schloss Rastatt baute. Nach dem Tod des Markgrafen übernahm die Gräfin mit knapp 32 Jahren die Regentschaft. Zwanzig Jahre lang herrschte sie über das kriegszerstörte Land – und brachte es wieder auf die Beine. Eine „gescheite und penetrante Fürstin", lobte ein Zeitgenosse die Frau, die neun Kinder gebar, von denen allerdings nur drei das zehnte Lebensjahr erreichten.

Sibylla Augusta reduzierte den Aufwand für die Hofhaltung und förderte gleichzeitig den Aufbau der Stadt Rastatt und seiner Kirchen und Schulen. 1715 holte sie die Piaristen nach Rastatt – einen Orden, der kostenlosen Religionsunterricht erteilte. Besonders stark beeinflussten die Landesmutter die Jesuiten, die 1717 eine öffentliche Bußprozession in Rastatt organisierten. Die Büßer, unter ihnen die Markgräfin, trugen dabei Dornenkronen und geißelten sich. Um 1720 ließ Sibylla Augusta viele Gemälde verbrennen, die den Jesuiten zu „nackend und verführerisch" – so ein Zeitgenosse – erschienen. Werke bedeutender Künstler wie Dürer, Cranach und Rubens gingen so verloren. Als sie auch die Freiheiten der Protestanten beschneiden wollte, wurde sie vom Kaiser um Zurückhaltung gebeten.

Von 1717 bis 1723 baute Sibylla Augusta in Rastatt mehrere Kapellen, die heilige Stätten aus dem Leben Jesu darstellen. Im Untergeschoss der Einsiedelner Kapelle befand sich so ein vereinfachter Nachbau der Geburtsgrotte von Bethlehem. Die nicht mehr erhaltene Lorettokapelle war das Haus der Maria als Ort der Verkündigung, die Schmerzhafte Muttergotteskapelle im Schloss symbolisierte den Ort der Kreuzabnahme. Hinzu kamen in der Schlosskirche die Heilige Stiege aus dem Palast des Pontius Pilatus und das Grab Christi.

Sibylla Augusta verdankt die Stadt aber auch noch weitere kleine Sehenswürdigkeiten wie die **Einsiedelner Gnadenkapelle.** Sie entstand nach ihrer Reise in den Schweizer Marien-Wallfahrtsort Einsiedeln – wohin sie 1708 pilgerte, um für ihren vermeintlich stummen Sohn Ludwig Georg zu beten. Denn als der Sechsjährige plötzlich zu sprechen anfing, gelobte die Markgräfin, die Schweizer Gnadenkapelle in Rastatt nachzubauen. Die Kapellenfront erzählt Episoden aus dem Marienleben. Der Giebel zeigt den heiligen Meinrad, einen Reichenauer Benediktiner, und den heiligen Benedikt, den Gründer des Benediktinerordens. Zwischen den beiden thront die Madonna auf der Mondsichel. Über der Tür halten zwei Putten das markgräfliche Wappen. Schlichter ist das Innere der Kapelle, die eine Kopie des Einsiedelner Gnadenbilds beherbergt: eine von Putten umgebene schwarze Madonna.

Sehenswert ist auch das ehemalige Spielhaus für den Enkel der Markgräfin, das 1722 auf einer Hochterrasse über der Murg entstand. Der mit Pagoden verzierte und deshalb **Pagodenburg** genannte Bau ist die Nachbildung eines Bauwerks im Park des Nymphenburger Schlosses in München. Heute organisiert der Rastatter

Kunstverein dort in den Sommermonaten Ausstellungen nationaler und internationaler Künstler.

In der Blütezeit der Stadt entstand das 1721 vollendete **Rathaus**, in dessen Erdgeschoss, ursprünglich eine offene Halle, bei schlechtem Wetter der Markt stattfand. Auf dem Marktplatz stehen zwei Brunnen: der Alexius-Brunnen, dessen Schutzheiliger vor Erdbeben, die im Rheingraben immer wieder vorkommen, beschützen soll, und der Johannes-Nepomuk-Brunnen, der dem Schutzpatron der Markgräfin Sibylla Augusta gewidmet ist.

Als Kavaliershaus für die ehemaligen Hofbeamten wurde das heutige **Stadtmuseum** einmal errichtet. Es erzählt die Geschichte der Stadt – von der barocken Gründung bis zur Gegenwart. Prunkstück im Erdgeschoss ist eine astronomische Uhr, die ein Bürger nach dem Vorbild der Straßburger Münsteruhr gebaut hat. Wertvolle Handschriften und Inkunabeln birgt die **Historische Bibliothek des Ludwig-Wilhelm-Gymnasiums**, eine der kulturell gewichtigsten deutschen Schulbibliotheken.

Zu den Sehenswürdigkeiten in Rastatt gehört auch die ehemalige **Bundesfestung**, deren Anlagen einst die Stadt umschlossen und während der Badischen Revolution Mitte des 19. Jh. eine wichtige Rolle spielten. Sie wurde 1890 aufgegeben und größtenteils abgerissen. Die 1854 fertiggestellte, unter Denkmalschutz stehende Frucht- und Mehlhalle der ehemaligen Bundesfestung ist heute Sitz der **Städtischen Galerie**, die sich auf „Kunst in Baden nach 1945“ spezialisiert hat. Seit 1992 ist Rastatt zudem Standort eines großen Pkw-Werks von **Mercedes-Benz**, das werktags auch besichtigt werden kann.

Zur Verwaltungsgemeinschaft Rastatts gehört auch die an der Murg gelegene Gemeinde **Steinmauern.** Hier wurde jahrhundertelang das im Schwarzwald geschlagene Holz angelandet und zu großen Flößen für den Transport Richtung Holland zusammengestellt. Im Rathaus von Steinmauern kündet ein Museum von diesen Zeiten. Neben Schautafeln zur Geschichte der Flößerei sind dort auch viele originale Gegenstände wie Flößerstiefel, Nägel und Werkzeuge zu sehen.

› **Anreise:** Rastatt liegt knapp achtzehn Kilometer nördlich von Baden-Baden. Der dortige Bahnhof ist vom Bahnhof Baden-Baden aus mit der S4 Richtung Karlsruhe in sieben Minuten erreichbar. Autofahrer brauchen von Innenstadt zu Innenstadt eine knappe halbe Stunde.

ℹ **2 Tourist-Information Rastatt,** Herrenstr. 18 (am Schloss), 76437 Rastatt, Tel. 07222 9721220, www.tourismus-rastatt.de, Mo.–Fr. 10–16 Uhr

M **3 Flößereimuseum Steinmauern,** Hauptstraße 82, Tel. 07222 21495, www.steinmauern.de, Februar bis Dezember: jeden ersten So. im Monat 14–17 Uhr, Eintritt frei

★ **4 Historische Bibliothek,** Lyzeumstr. 11, Tel. 07222 728420, www.rastatt.de, Mo.–Fr. 9–12 und Mo.–Do. 14–15 Uhr (Mi. bis 17 Uhr), Eintritt: 3 €

★ **5 Mercedes-Benz Kundencenter Rastatt,** Gottlieb-Daimler-Str. 1, www.mercedes-benz.de/kundencenter-rastatt. Mo.–Fr. 8.45–14.30 Uhr, Info-Tel. 07222 9123388

G **6 Städtische Galerie Fruchthalle Rastatt,** Kaiserstraße 48, Tel. 072 229728410, www.rastatt.de, Do.–Sa. 12–17, So. 11–17 Uhr, Eintritt frei

M **7 Stadtmuseum Rastatt im Vogelschen Haus,** Herrenstr. 11, Tel. 07222 9728400, www.rastatt.de, Do.–Sa. 12–17, So. 11–17 Uhr, Eintritt: 3 €

31 Residenzschloss Rastatt ★★★ [Umgebung]

Das unumstrittene Wahrzeichen Rastatts ist das ehemalige Residenzschloss, dessen Vorbild das Schloss des französischen „Sonnenkönigs" Ludwig XIV. in Versailles war. Weil es niemals zerstört wurde und nach dem Abdanken der badischen Markgrafen auch kaum noch genutzt wurde, gilt es als eines der schönsten deutschen Barockschlösser – vor allem auch, seit die Schlosskirche nach jahrelanger Schließung und anschließender Renovierung im Rahmen von Führungen wieder Besuchern offen steht. Das Schloss beherbergt heute zudem die Erinnerungsstätte für die Freiheitsbewegungen der deutschen Geschichte, gewöhnlich „Freiheitsmuseum" genannt, und das Wehrgeschichtliche Museum. Das eine beleuchtet die Rolle des Militärs in der (südwestdeutschen) Gesellschaft, das andere die wichtigsten deutschen Volkserhebungen – von den Bauernkriegen des 16. Jahrhunderts bis zum Fall der innerdeutschen Mauer 1989.

Das Residenzschloss: Rastatts unumstrittenes Wahrzeichen

Nach der Brandschatzung seiner Baden-Badener Residenz durch französische Truppen verlegte **Markgraf Ludwig Wilhelm** seinen Amts- und Wohnsitz nach Rastatt. Dort ließ er für sich und seine Gattin Sibylla Augusta von Sachsen-Lauenburg ein Schloss bauen, das die beiden 1705 bezogen. Rund 12 Millionen Gulden steckte der Herrscher in den Prachtbau, mit dem er die Deutschen zu beeindrucken suchte. Es war seine Art, Macht zu zeigen, nachdem seine Erfolge im Kampf gegen die Türken öffentlich nur wenig gewürdigt wurden.

Allerdings hatte der „Türkenlouis“, wie man ihn seiner militärischen Siege wegen nannte, nur wenig von seiner Rastatter Residenz. 1707, die Stuck- und Malerarbeiten waren gerade abgeschlossen, starb er an einer Kriegsverletzung. Wegen erheblicher Baumängel musste das Schloss im Lauf der Jahre immer wieder umgebaut und erweitert werden. Seine barocke Frühform behielt es aber bis heute.

In der Regel betritt man das Schloss durch das große **Portal**, das einst auch den Kutschern als Einfahrt diente. Hier wurden alle Gäste empfangen. Breite Treppen führten in die renovierte **Beletage**, wo sich die barocke Pracht auch heute noch am augenfälligsten spiegelt. Die Beletage wurde zuletzt auch mit der Anschaffung originalen Mobiliars aufgewertet, das schon vor 300 Jahren einmal dort stand, aber bald darauf verkauft worden war. Inzwischen hat die Schlossverwaltung zu den wenigen verbliebenen Originalstücken ein paar Exemplare aus jener Zeit hinzugekauft. Manches, wie das Bett des Markgrafen, wurde nachgebaut. Im Vorraum zum sogenannten Ahnensaal steht die Originalfigur des römischen **Gottes Jupiter**, dessen golden glänzende Kopie heute auf dem Dach des Schlosses thront. Das vergoldete Original, die Arbeit eines Augsburger Goldschmieds, hatte Sibylla Augusta im Jahr 1723 in Erinnerung an ihren in militärischen Schlachten meist erfolgreichen Gatten Ludwig Wilhelm auf das Dach des Schlosses stellen lassen. Der höchste römische Gott, mit gebündelten Blitzen gegen jeden Feind gewappnet, wurde so zum Symbol für den Markgrafen, zum „Goldenen Mann“ für die Badener.

EXTRATIPP

Pause im Schlossschatten

Morgens wird gefrühstückt, mittags locken Klassiker wie Toast Hawaii oder Strammer Max, später schließlich Kaffee und Kuchen. Das Café, das zum Hotel Zum Goldenen Mann gehört, ist eine Institution: ein familiengeführter Betrieb, in dem der Gast sich noch als König fühlen darf.

8 **Café am Schloss,** Herrenstr. 16b, Tel. 07222 32225, www.goldener-mann-rastatt.de, Mo.–Fr. 8–18, Sa. 8–16 Uhr

Besonders opulent zeigt sich der sogenannte **Ahnensaal**, der vielleicht schönste Raum des Schlosses. Barock und Rokoko vereinen sich hier in beispielloser Weise. Stuckfiguren stellen türkische Gefangene dar und erinnern so an die Siege des Markgrafen über das osmanische Heer. Und weil sich der „Türkenlouis“ selbst gern als Herkules sah, ließ er schon 1704 die Saaldecke des auch als Ballsaal genutzten Raumes mit einem Bild des antiken Helden schmücken.

Nicht weniger prachtvoll sind die sich anschließenden **Privaträume des Herrscherpaars**, die Schlaf-, Wohn- und Audienzzimmer. Kostbarste Tapisserien aus einer Brüsseler Manufaktur sind da zu sehen, große gusseiserne Öfen und immer wieder Gemälde, die den Markgrafen in seiner Lieblingspose zeigen: mit Marschallstab und großer Allongeperücke. Im Schreibkabinett wurde gar Geschichte geschrieben, als der französische Marschall Villars und Prinz Eugen als Vertreter des Hauses Österreich im März 1714 den sogenannten Rastatter Frieden unterzeichneten und so zum Ende des

031bb-gs

1701 begonnenen Spanischen Erbfolgekriegs beitrugen.

Prunkstück der Residenz ist die **Schlosskirche**, die man im Rahmen von Führungen separat besuchen kann (Eintritt: 6 € oder Kombiticket mit Residenzschloss 12 €). Sybilla Augusta, die Bauherrin, ließ sich in der Kirche bestatten. Schon die **Heilige Stiege** hinauf zur Kirche ist beeindruckend. Sie ist eine Kopie der Scala Sancta in der Laterankirche zu Rom und erinnert an die Treppe zum Palast des Pontius Pilatus in Jerusalem, auf der Jesus vor seinem Leidensweg drei Blutstropfen verloren haben soll. Lange Zeit erhielten Pilger deshalb einen Ablass, wenn sie die Stiege kniend empor gingen.

Nach der Renovierung ist auch der **Hochaltar** mit seinen von innen beleuchteten Alabastersäulen wieder ein Glanzstück. Früher waren es Öllampen, die die Säulen erhellten, weshalb man gern vom Rastatter Lichtwunder sprach. Original erhalten sind die weißen Pilasterbehänge, die früher nur an Festtagen aufgezogen wurden.

Das Patrozinium der Kirche zum Hl. Kreuz bestimmt auch die **Malereien** in der Kirche. So findet sich an der Decke die Szene von der Auffindung des Heiligen Kreuzes durch die heilige Helena.

Der Rundgang durch das Residenzschloss endet gewöhnlich nahtlos im **Wehrgeschichtlichen Museum**, das 1934 als Badisches Militärmuseum eröffnet wurde. Auf rund 1500 m² gibt es einen Überblick über fast 500 Jahre südwestdeutsche Militärgeschichte. Zu sehen sind Hunderte militärischer Uniformen, Pickelhauben und Waffen aller Art – unter anderem ein preußischer Hinterlader von 1867, ein Vollrohr aus Gussstahl mit einer Schussweite von 3450 Metern. Ein Großdiorama zeigt das Modell der Bundesfestung Rastatt um 1860 und in einem anderen Raum stapeln sich Geschenke, die sich Offiziere verschiedenster Regimenter einst im 19. Jahrhundert machten: gravierte Säbel, Trinkbecher und Silberschalen zum Beispiel. Militärgeschichtlich Interessierte können hier Stunden verbringen, der Rest belässt es meist beim schnellen Durchgang.

Ebenfalls im Schloss findet sich die **Erinnerungsstätte für die Freiheitsbewegungen in der deutschen**

Im prachtvollen Ahnensaal im Residenzschloss kann man im Sommer den Bund der Ehe schließen

Geschichte, eine Außenstelle des Bundesarchivs. Sie wurde 1974 auf Anregung des damaligen Bundespräsidenten Gustav W. Heinemann eingerichtet. Mit Dokumenten, Bildern, Objekten, Ton- und Filmmaterialien versucht sie, einen Eindruck vom schwierigen und oft Mut fordernden Kampf für Freiheit, Demokratie und Einheit zu vermitteln. Die Dauerausstellung gibt unter anderem Einblicke in Vorgeschichte, Erfolge und Ende der Revolution von 1848/49 und inzwischen auch über die Freiheitsbewegungen in der DDR von 1949 bis 1989.

› **Residenzschloss Rastatt Besucherzentrum,** Herrenstr. 18–20, Tel. 07222 978385, www.schloss-rastatt.de, April–Oktober Di.–So. 10–17, Nov.–März Di.–So. 10–15 Uhr, Eintritt: 8 € (Familien 20 €). Die Innenräume sind nur im Rahmen einer knapp einstündigen Führung zu jeder vollen Stunde zu besichtigen. Hin und wieder gibt es Rundgänge im historischen Kostüm, kulinarische Erlebnisführungen, spezielle Angebote für Kinder und Familien sowie interessante Workshops. Das Schloss ist barrierefrei zugänglich. Im Schloss ist das Fotografieren nur in wenigen Räumen gestattet. Hunde sind im Schlosspark zugelassen, allerdings nur an der Leine. Mit Zug oder Bus von Baden-Baden zum Bahnhof Rastatt. Von dort mit Bus 222oder 235 bis zur Haltestelle „Schloss". Der Fußweg vom Bahnhof Rastatt zum Schloss beträgt knapp 15 Minuten.

› **Wehrgeschichtliches Museum,** Tel. 07222 34244, www.wgm-rastatt.de, April–Okt. Di.–So. 10–17.30, Nov.–März Di.–So. 10–16.30 Uhr, Eintritt: 8 €

› **Erinnerungsstätte für die Freiheitsbewegungen in der deutschen Geschichte,** Tel. 07222 771390, www.bundesarchiv.de, So.–Do. 9.30–16.30, Fr. 9.30–13.30 Uhr, Eintritt frei

32 Rheinauen ★ [Umgebung]

Zu den wertvollsten Naturschätzen Badens zählt die **Auenlandschaft** am Rhein, die nach der Begradigung des Flusses zwischen Straßburg und Mannheim entstand. Durch die Neuregulierung wurde aber auch vieles von dem zerstört, was für diese Region bis dahin typisch und wertvoll war. Seit einigen Jahren bemühen sich deshalb Deutsche und Franzosen verstärkt, für die Auwälder und Feuchtgebiete rechts und links des Rheins ein Bewusstsein und Interesse für ihre Flora und Fauna zu wecken. Millionen Euro wurden so in **Naturschutzprojekte** investiert, die das (Über-)Leben von seltenen Vögeln und Fischen in der Auenregion garantieren sollen.

Mitten im Ried, der typischen Auenlandschaft, erinnern das Riedmuseum im Rastatter Vorort Ottersdorf und das **Rheinaue-Museum** in Neuburg an die Zeit der Rheinregulierung Mitte des 19. Jahrhunderts. Damals wurde die Rheinstrecke zwischen Basel und Bingen um mehr als 80 Kilometer verkürzt. Dafür büßte man 98 Prozent aller Auwälder ein, nahm in Kauf, dass Hunderte von Fischern ihre Arbeit verloren – und die Hochwasser mehr wurden.

Bis dahin hatte sich der Rhein immer wieder neu sein Bett gesucht. Das führte dazu, dass Dörfer wie das heute linksrheinische Neuburg mal rechts, mal links des Flusses lagen und die Menschen zum Mähen ihrer Wiesen in sogenannten Grasnachen, wie man sie noch heute im Rheinaue-Museum sehen kann, über den Rhein setzen mussten.

Wie die Menschen im Ried einst lebten, erzählt das **Riedmuseum** in Ottersdorf: ein Freilichtmuseum, dessen Zentrum ein 250 Jahre al-

Murgtal-Bahn: auf der Schiene von Baden nach Württemberg

Zu den schönsten Eisenbahnstrecken im deutschen Südwesten gehört die Murgtal-Bahn, die Rastatt mit Freudenstadt verbindet, also Baden mit Württemberg. Ihren Namen verdankt sie der Tatsache, dass die 58 Kilometer lange Schienenstrecke weitgehend an der Murg entlangführt, dem in den Rhein mündenden Schwarzwald-Flüsschen. Auf der inzwischen elektrifizierten, eingleisigen Strecke mit ihren zwölf Ausweichstellen verkehren die Züge im Stundentakt.

Im Juli 1928 wurde sie erstmals durchgehend befahren. Herausforderung für ihre Bauherren war das letzte Teilstück zwischen Freudenstadt und Baiersbronn, das wegen seiner Steigung als Zahnradbahn angelegt werden musste. Zu den schönsten Abschnitten gehören die sechs Kilometer zwischen Weisenbach und Forbach mit sieben Tunneln und drei großen Brücken, die deutsche Truppen allerdings im Zweiten Weltkrieg auf ihrem Rückzug im April 1945 großteils zerstörten. So war die Strecke erst ab 1950 wieder komplett befahrbar. Rund 150 Minuten dauerte die Fahrt von Rastatt nach Freudenstadt anfangs mit der Dampflok. 1966 übernahmen für Steilstrecken taugliche Dieselloks ihren Dienst, sodass sich die Fahrzeit mehr als halbierte. Noch schneller wurde die Tour durch die Elektrifizierung der Strecke, welche die Fahrt auf eine gute Stunde verkürzte.

› *www.murgtalbahn.de*

tes Wohnhaus (Haus Burster) bildet. Seine Inneneinrichtung vereint Möbel und Küchengerät aus ebenfalls mehr als zweihundert Jahren und erinnert an Zeiten, als Kühe grundsätzlich noch mit der Hand gemolken wurden und die Nussbäume hinter dem Haus den Rohstoff fürs eigene Öl lieferten. Ebenfalls im Riedmuseum findet sich ein Rheinmodell, das geflutet werden kann und so Besuchern die Auswirkungen der Rheinregulierung plastisch vor Augen führt.

Nur ein paar Kilometer weiter, auf einem Altrheinarm bei Wintersdorf, liegt der **Aalschokker „Heini“**, ein 1932 auf einer holländischen Werft speziell für den Aalfang gebautes Schiff. Wie fast zwei Dutzend weiterer Aalfangschiffe war es bis in die späten 1980er-Jahren am Oberrhein im Einsatz. Als Museumsschiff dokumentiert der Aalschokker heute ein wichtiges Kapitel deutscher Fischereigeschichte und kann zu speziellen Terminen (Info-Tel. 07222 9728400) besichtigt werden.

Ansonsten laden die **Rheinauen** zum Bummeln in der Natur, bei dem ein Fernglas und offene Ohren bei der Vogelbeobachtung gute Dienste leisten. Zu den Vogelarten, die man hier noch zu Gesicht bekommen kann, gehören unter anderem Zwergtaucher, Schwarzmilan, Krickente, Wespenbussard, Rohrweihe, Baumfalke, Flussuferläufer, Flussseeschwalbe, Wendehals, Neuntöter, Wasserralle und verschiedene Spechtarten. Zu den schönsten Riedbewohnern gehört der Eisvogel. Mit viel Glück kann man ihn auf einem Ast sitzen sehen, von wo er mit spektakulären Tauchflügen nach kleinen Fischen, Kaulquappen oder Insekten jagt.

Wie anregend diese Naturerfahrungen sein können, dokumentiert die Liaison zwischen dem in Straßburg studierenden jungen **Johann Wolfgang von Goethe** und der Tochter des Pfarrers von Sessenheim, **Friederike Brion.** Auf zahlreichen Kahnfahrten in den Rheinauen lernten sich die beiden näher kennen und lieben. So wurden die Rheinauen für den Dichter langsam zum „Mittelpunkt der Erde", ehe er schließlich 1771 von seiner Jugendliebe und der Region Abschied nahm.

M9 Rheinaue-Museum Neuburg, Hauptstr. 50, 76776 Neuburg, Tel. 07273 1226, www.neuburg-am-rhein.de, Di. 10–12 Uhr, Mai–Okt. jeden ersten So. im Monat oder nach telefonischer Vereinbarung, Eintritt: 1 €

M10 Riedmuseum, Am Kirchplatz 6–8, 76437 Rastatt-Ottersdorf, Tel. 07222 25509, www.pamina-rheinpark.org, März–Okt. Fr.–So. 14–18 Uhr, Eintritt: 3 €

33 Rebland ★★★ [ag]

Nur ein paar Autominuten vom Stadtzentrum entfernt, gibt sich Baden-Baden ganz mediterran. Rebland heißt die Region, die sich zwischen Rheinebene und Schwarzwaldhöhen an kleine Hügel schmiegt. Freunde badischer Küche und Weine kommen hier ebenso auf ihre Kosten wie Wanderer oder Sonnenanbeter, vor allem im Spätherbst und Winter, wenn über der Rheinebene noch Dunst und Nebel liegen und die Ausläufer des Schwarzwalds schon mit Sonnenstrahlen locken. Kern des Reblands bilden die drei Weinorte Neuweier, Steinbach und Varnhalt.

Viele Jahrhunderte waren die drei Rebland-Gemeinden eigenständig, ehe sie 1972 unter die Fittiche der Stadt schlüpften. 2004 fasste Baden-Baden die Ortschaften schließlich unter dem neuen Namen Rebland zusammen – mit einer Ortsverwaltung in Steinbach und Nebenstellen in Varnhalt und Neuweier.

Größte Gemeinde ist **Steinbach,** durch die der Steinbach fließt. Seit 1258 hat sie das Stadtrecht. Reste der mittelalterlichen Stadtmauer sind noch heute sichtbar. Oberhalb des Friedhofs steht eine Skulptur aus rotem Sandstein, ein Denkmal für Meister Erwin, den in Steinbach geborenen Erbauer des Straßburger Münsters. Einen Blick verdient hat auch die katholische Kirche St. Jakobus, die zahlreiche Kunstwerke aus dem 15. bis 20. Jahrhundert birgt. Das ehemaligen barocke Amtshaus, ein schönes Fachwerkhaus, beherbergt das Reblandmuseum, eine heimatgeschichtliche Sammlung mit historischen Fotografien, Gemälden, dem Uhrwerk des Kirchturms und vielen alten Arbeitsgeräten, wie sie früher in der Landwirtschaft und im Weinbau zum Einsatz kamen.

Das Wahrzeichen der Gemeinde aber ist die nahe gelegene **Yburg** [bh], das für viele schönste Ausflugsziel in Baden-Baden. Manche Historiker vermuten die badischen Markgrafen als ihren Bauherren, doch sicher ist das nicht. Die im Mittelalter erbaute Burg wurde immer wieder zerstört, aber auch immer wieder neu aufgebaut, ehe sie im Pfälzischen Erbfolgekrieg 1689 dann endgültig zerstört wurde. Nachdem man sie im Rahmen der Burgenromantik im 19. Jahrhundert teilweise wieder restaurierte, wurde sie schnell zum Ausflugsziel der Kurgäste. Heute bietet die kleine Terrasse der Burggaststätte einen der schönsten Blicke im Rebland.

Auf eine lange Geschichte kann auch **Neuweier** zurückblicken, das 1297 erstmals urkundlich Erwähnung fand. Am westlichen Ortseingang liegt Schloss Neuweier (Mauerbergstr. 21), eine von wenigen noch erhaltenen Ritterburgen Badens. Ursprünglich eine Wasserburg ist das Anwesen heute Sitz eines renommierten Weinguts und eines Hotels. Vom zweiten Neuweier Schloss ist nichts mehr zu sehen. Auf den Resten seines Fundaments steht heute die nach dem Krieg erbaute Pfarrkirche **Sankt Michael.**

Die kleinste der drei Rebland-Gemeinden ist **Varnhalt.** Im dortigen Traditionsweingut Nägelsförst (www.naegelsfoerst.de) soll die Wiege des Weinbaus in der Großregion liegen. Zisterzienserinnen des Klosters Lichtenthal 10 sollen hier schon im 13. Jahrhundert Wein angebaut haben. Die passenden Rebsetzlinge von der Sorte Pinot Noir ließen sie sich angeblich aus dem burgundischen Mutterkloster aus Citeaux bei Beaune kommen. Schon 1344 wurde die Weinlage in einer Chronik als „Klosterberg" erwähnt.

34 Bühl ★ [Umgebung]

Nur wenige Minuten von Baden-Baden entfernt liegt die **Große Kreisstadt Bühl** mit ihren zehn Stadtteilen. Weltweit operierende Unternehmen sind hier zu Hause – so wie Bosch, das sich in Bühl um Elektromobilität kümmert, der Automobilzulieferer LuK, der Getriebeteile und Kupplungen fertigt, oder der Klebstofffabrikant UHU. Einen Namen aber machte sich die Stadt vor allem mit der **Bühler Zwetschge,** einer früh reifenden und sehr widerstandsfähigen Pflaumensorte. Sie wird seit 1840 angebaut und beschert noch heute vielen Dutzend Landwirten in der Umgebung ein Einkommen. Jedes Jahr Anfang September feiern die Bühler ihren Exportschlager zudem mit einem großen Fest.

Der montägliche und samstägliche **Wochenmarkt** (8–12 Uhr) bietet immer Anlass für eine Stippvisite in Bühl. Selbstgebrannte Schnäpse gibt es dort zu kaufen, hausgemachten Apfelkuchen, Schwarzwälder Speck und Wurst – allesamt regionale Spezialitäten, bei denen Preis und Qualität im Einklang sind. Sogar Wachteleier sind im Angebot, die – wie die Marktfrau verrät – roh gegessen gegen Rheuma helfen sollen.

Passende Kulisse des Wochenmarkts bilden die wichtigsten **Sehenswürdigkeiten** der Stadt: das **Rathaus** mit dem Turm der ehemaligen Kirche und die den beiden Aposteln Petrus und Paulus geweihte **katholische Kirche.** Das benachbarte Gasthaus Badischer Hof war ursprünglich einmal die Tiefburg der Herren von Windeck – einem mittelalterlichen Rittergeschlecht, das um 1200 die **Burg Windeck** auf den Schwarzwaldhöhen errichtet hatte. Von ihr sind heute neben den noch erhaltenen Türmen Reste der beiden Palastbauten, des Zwingers und der Ringmauer zu sehen. Von Burg Windeck bietet sich ein imposanter Weitblick in die Rheinebene bis nach Straßburg.

Höhenunterschiede von rund 800 Metern erlauben Bühl-Besuchern winterliche Schneeschuhwanderungen auf den Schwarzwaldhöhen ebenso wie sommerliche Badefreuden in den Bädern und Baggerseen der Rheinebene. Auch anspruchsvolle Radler beanspruchen hier gern ihre Wadenmuskulatur beim Auf und Ab durch die Landschaft. Im zweitältesten

Wohnhaus Bühls in der Schwanenstraße – es stammt aus dem späten 17. Jh. – hat das **Stadtmuseum** ein Zuhause gefunden. Der richtige Platz, um tiefer in die Geschichte der Stadt einzusteigen! Im Erdgeschoss ist die Wirtschaftsgeschichte dokumentiert, u.a. mit einem originalgetreu eingerichteten Kolonialwarenladen aus der Zeit um 1900. Im Dachgeschoss steht die Werkstatt des letzten Porträtlithografen Badens, in der sich Besucher im Stil der Gründerzeit ablichten lassen können, und der Religionsgeschichte ist die Ausstellung im Keller gewidmet.

Freunden des Barock sei eine Visite der **Marienkirche im Vorort Kappelwindeck** ans Herz gelegt. Ihr weithin sichtbares Wahrzeichen ist der mehr als 50 Meter hohe Zwiebelturm. Das Gotteshaus ist einer der bedeutendsten Rokokobauten der Region und gehört zu einem Ensemble alter Gebäude. Dazu zählen unter anderem ein Pfarrhaus aus dem Jahr 1758 und eine schon 1503 errichtete und 1745/46 umgebaute ehemalige Totenkapelle.

Wer alte Technik liebt, ist im Stadtteil Altschweier in der **Rohrhirschmühle** an der richtigen Adresse. Die liebevoll renovierte alte Mühle mit ihren Wasserrädern und Walzenstühlen ist eine von früher zehn Mühlen im Dorf. Interessieren könnte auch die sogenannte **Geiserschmiede** in Bühlertal: eine alte Hammerschmiede. Jahrhundertelang diente sie als Mahlmühle, ehe man sie 1891 zur Hammerschmiede umbaute. Bis 1961 wurden dort Werkzeuge und landwirtschaftliches Gerät für die Bauern und Waldarbeiter der Region produziert. Heute dient die von vielen freiwilligen Helfern in mehr als 7500 Arbeitsstunden wieder aufgemöbelte Einrichtung auch als „Glücksschmiede", wenn dort Brautpaare den Bund fürs Leben schließen und sich ihr persönliches Hufeisen als Glücksbringer fertigen lassen.

032bb-gs

Ach ja, falls Sie noch kein passendes Souvenir aus dem Schwarzwald haben: Die **Metzgerei Vogt** in Bühl wird für ihren zwölf Monate gereiften, luftgetrockneten und mit Meersalz hergestellten Edelrohschinken gerühmt, der aus eigener Schlachtung stammt. Die über Tannenholz geräucherte Salami schmeckt ebenfalls.

› **Anreise:** Bühl ist eine halbe Autostunde von Baden-Baden entfernt. Der

Der Wochenmarkt in Bühl bietet auch Schwarzwälder Spezialitäten – vom Schinken bis zum Schnaps

schnellste Weg führt durch das Rebland, der schönere, wenn auch zeitraubendere, über Geroldsau durch den Schwarzwald.

- 11 **Tourist-Information Bühl,** Hauptstraße 41, Tel. 07223 935332, www.buehl.de, Mo.–Mi. 8–17, Do. 8–18, Fr. 8–13 Uhr
- ★12 **Burg Windeck,** Kappelwindeckstraße 104, Tel. 072 2394920, www.burg-windeck.de, Burghof geöffnet ab 9 Uhr (bei gutem Wetter auch im Winter), Burgführung auf Anfrage, Eintritt frei
- 13 **Geiserschmiede,** Hauptstr. 92, Tel. 07223 996718, www.museum-geiserschmiede.de, geöffnet jeden zweiten und vierten So. im Monat von 14–17 Uhr, Eintritt frei
- 14 **Metzgerei Vogt,** Johannesplatz 7, Tel. 07223 93090, www.metzger-vogt.de, Mo.–Fr. 8–18, Sa. 7.30–13.30 Uhr
- ★15 **Rohrhirschmühle,** Bühler Seite 44, Tel. 07223 22654, April–Okt. an jedem ersten So. im Monat, Eintritt frei
- 16 **Stadtmuseum Bühl,** Schwanenstr. 11, Tel. 07223 940876, www.buehl.de, Di. 9–13, Do./So. 14–18 Uhr, Eintritt frei

35 Geroldsauer Wasserfall ★ [ch]

Immer einen Ausflug wert – vor allem im Sommer, wenn die bewaldeten Täler ringsum angenehme Kühle versprechen – ist der Geroldsauer Wasserfall. Fast zehn Meter tief stürzt er sich in die Tiefe. Was die Reise zum Wasserfall aber besonders lohnt, ist der rund drei Kilometer lange, gut ausgeschilderte **Wasserfall-Rundweg,** der an der Busendhaltestelle „Malschbach" oder dem Waldparkplatz Bütthof beginnt. Der Weg, der nur eine geringe Steigung aufweist, führt meist den Grobbach entlang – durch ein wildromantisches Tal, in dem viele eiszeitliche Findlinge liegen und der auch schon Johannes Brahms oder den Maler Gustave Courbet beeindruckte. Besonders lohnend ist der Besuch des Wasserfalls, wenn die vielen Hundert Rhododendrenbüsche ringsum blühen.

› **Anreise:** Zu Fuß ist der Wasserfall über den Parkplatz Wannacker an der Schwarzwaldhochstraße (B 500) zu erreichen. Noch näher kommt man dem Wasserfall mit dem Auto, indem man immer auf der Geroldsauer Straße Richtung Bütthof bleibt.

36 Luchs- und Wildnispfad am Plättig ★★ [Umgebung]

Zwei **Rundwanderwege** auf den Schwarzwaldhöhen bieten einen guten Einblick in Flora und Fauna des Nordschwarzwalds. Luchs- und Wildnispfad, die nicht weit vom Waldparkplatz am Plättig ihren Anfang nehmen, sind Teil des **Nationalparks** und von Frühjahr bis Herbst fast immer einen Ausflug wert. Sie sind über die Schwarzwaldhochstraße (B 500) sowohl mit dem eigenen Pkw als auch mit öffentlichen Verkehrsmitteln zu erreichen.

Der weitgehend naturbelassene **Wildnispfad** zeigt, wie sich Baden-Badens Stadtwald nach dem verheerenden Wintersturm „Lothar", der Zehntausende von Bäumen „umhaute", entwickelt hat, denn hier wurde im Gegensatz zu anderen Waldflächen das Sturmholz nicht entsorgt und durch Neuaufforstungen ersetzt. Hier soll auf Dauer dokumentiert werden, wie die Natur auf ihre eigene Art und Weise ihre Schadensfälle reguliert. Quer durch die umgeworfenen Baumriesen legte man so einen Rundweg durch eine manchmal bizarre Landschaft an, die auch zum Nachdenken über den Umgang des Menschen mit der Natur anregen will. Kondition sollte man mitbringen, führt doch der Pfad mal über Bäume hinweg, mal unter Stämmen hindurch. Sogar auf einen Felsen kann man steigen, der einen eindrucksvollen Blick auf die wie beim Mikadospiel hingeworfenen Bäume erlaubt. Bis zu vier Stunden sind für den ganzen Weg veranschlagt, der allerdings auch immer wieder abgekürzt werden kann. „Ausgelöst durch die Zerstörungen des Orkans", wirbt das städtische Forstamt für die Tour, „ist die Landschaft heute von einer sehr starken Dynamik geprägt". Jedes Jahr sieht die Gegend deshalb anders aus, weshalb der Weg ein einmaliges Erlebnis sein kann. Festes Schuhwerk ist ein Muss – bei Schnee und Regen sollte man den Weg meiden!

Das gilt auch für den **Luchspfad**. Er will über die Lebensweise des Luchses informieren und Vorbehalte gegenüber dem „Pinselohr" verringern, denn 200 Jahre nach seiner Ausrottung ist der Luchs in den Schwarzwald zurückgekehrt. Allerdings wird man ihn höchstwahrscheinlich nicht leibhaftig zu Gesicht bekommen. Viele interessante Informationen und spielerische Stationen machen die Tour trotzdem zum Abenteuer für die ganze Familie.

› **Anreise:** Start und Ziel beider Touren ist der Parkplatz am Plättig an der Schwarzwaldhochstraße. Dorthin fährt ab Augustaplatz auch die Buslinie 245. Die Fahrzeit mit dem Pkw von der Innenstadt zum Waldparkplatz beträgt rund 25 Minuten.

› **Wildnispfad:** www.nationalpark-schwarzwald.de/fileadmin/Mediendatenbank_Nationalpark/Flyer/20180104_Flyer_Wildnispfad.pdf

› **Luchspfad:** www.nationalpark-schwarzwald.de/de/erleben/unterwegs-im-park/erlebnispfade/luchspfad

37 Mummelsee und Hornisgrinde ★★★ [Umgebung]

Viele Sagen haben den Mummelsee berühmt gemacht, noch mehr aber seine Lage zu Füßen der Hornisgrinde, dem mit 1163 Metern höchsten Berg im Nordschwarzwald. Es ist kein Wunder, dass der dunkle Bergsee heute zu den beliebtesten Ausflugszielen im nördlichen Schwarzwald gehört. Gebackenes Holzofenbrot, geräucherten Schinken, Kirschwasser und Beerenweine gibt es im La-

072bb-gs

Sagenhafte Nixen verortet manche Volkssage im Mummelsee

EXTRAINFO

Vorsicht Zecken!

Wanderer aufgepasst: Die Region Nordschwarzwald gehört zu den deutschen **Zecken-Risikogebieten.** Die meiste Zeit des Jahres, vor allem im Frühjahr und Herbst, besteht so Gefahr, von einer Zecke gebissen zu werden, die eine Vielzahl von Infektionskrankheiten auf den Menschen übertragen können – zum Beispiel Borreliose oder Frühsommer-Meningoenzephalitis (FSME). „In der Regel ist es nicht die Zecke, die auf den Menschen zu läuft, sondern der Mensch, der sich die Zecken von der Vegetation abstreift. Demzufolge erhöht häufiger Kontakt mit niedriger Vegetation die Wahrscheinlichkeit, eine Zecke einzufangen", heißt es beim Robert-Koch-Institut. „Auch wer abseits der Wanderwege durch Gebüsch geht, hat ein erhöhtes Risiko".

FSME-Viren können beim Menschen grippeähnliche Symptome hervorrufen. In schweren Fällen führen sie zu Hirnhautentzündungen. Anders als bei Borreliose gibt es für FSME nach einer Infektion keine Gegenmittel. Für Urlauber bietet sich unter Umständen ein **zeitlich begrenzter Impfschutz** an.

Bleibt die Frage, ob man – wenn man an sich eine Zecke entdeckt hat – diese **selbst entfernt:** Mithilfe einer sogenannten Zeckenkarte, einem in der Apotheke erhältlichen scheckkartenähnlichen Instrument, ist das meist kein Problem, etwas schwieriger unter Umständen mit der Pinzette. Auf keinen Fall sollte man das Tier zerquetschen. Im Zweifel geht man einfach zum Arzt (s. S. 121). **Schnelles Handeln** ist aber wichtig, da die Übertragung der Erreger der Borreliose erst nach schätzungsweise 8 bis 12 Stunden stattfindet. Je früher eine Zecke entfernt wird, desto geringer ist also das Infektionsrisiko.

den neben dem Berghotel, das auch über ein Restaurant verfügt, in dem Schwarzwälder Kirschtorte nach Originalrezept serviert wird.

Der Mummelsee ist ein Überbleibsel aus der letzten Eiszeit, einer von mehr als einem halben Dutzend sogenannter **Karseen** im Schwarzwald. Mit rund 800 Metern Umfang ist er der größte. Sein Name soll auf die weißen Seerosen zurückgehen, die im Volksmund „Mummeln" heißen. Viele Sagen erzählen von fleißigen Seegeistern, die mit einem König zusammen in einem Palast unter dem Wasser hausen und in Vollmondnächten den Bewohnern umliegender Höfe bei der Arbeit helfen. Wer will, quert den See mit dem Tretboot, das man am Ufer mieten kann.

Ein empfehlenswerter **Fußweg** führt rund um den Mummelsee – eine einfache Wanderung. Wer seinen Waden etwas mehr zumuten will, dem sei der Weg zur **Hornisgrinde** empfohlen. Mit der **Grindehütte** hat in 1155 Metern Höhe dort inzwischen auch eine moderne Berghütte aufgemacht, die mit Wurstsalat, Flammkuchen und Schnitzel aufwartet.

Nicht zu übersehen ist der 206 Meter hohe **Sendemast des SWR.** Die ersten 150 Meter sind aus Beton, darauf sitzt ein 56 Meter hoher stählerner Antennenaufsatz in Rot und Weiß. Damit werden bis zu zwei Millionen Handynutzer und Radiohörer versorgt: die Bewohner des Rheintals von Freiburg bis Mannheim ebenso wie die Hörer im Nord- und Mittelschwarzwald oder in Teilen der Schwäbischen Alb und der Region Neckar-Alb.

Auf dem höchsten Punkt des Bergrückens steht der nur knapp acht Meter hohe **Bismarckturm.** Er wurde 1871 als Signalturm errichtet, aber erst Anfang des neuen Jahrtausends renoviert und Besuchern zugänglich gemacht. Der Aufstieg zur Aussichtsplattform führt jedoch nicht mehr über die alte Treppe im Turm, sondern über eine außen montierte Wendeltreppe aus Stahl.

1910 wurde der 23 Meter hohe **Hornisgrindeturm** errichtet, der etwas tiefer steht. Auch er war mehr als ein halbes Jahrhundert für Besucher geschlossen, ehe er nach gründlicher Renovierung wieder als Aussichtsturm zugänglich gemacht wurde. Bei guter Sicht erlaubt er den Blick bis in die Vogesen und den Pfälzer Wald. Der Turm steht bei gutem Wetter täglich außer Montag offen (Nov.–April 11–16 Uhr, Mai–Okt. 10.30–17 Uhr, Eintritt: 1 €). Täglich außer montags ist auch die Berghütte direkt daneben geöffnet.

Vom Berghotel Mummelsee führt der sogenannte **Grindenpfad** über den Bergrücken, ein gewöhnlich von Frühjahr bis Spätherbst begehbarer Wanderweg, der einem Tiere, Landschaft, Hochmoor und die Grinden näher bringt: die baumarmen Hochflächen des Schwarzwalds, auf denen die Schwarzwaldbauern, weil ihnen in den Tälern meist der Platz fehlte, ihre Rinder und Ziegen hielten. Durch die Nutzung der oft ebenen Hochflächen als Weiden konnte man das Grün im Tal als Heuwiese nutzen. Mit dem Verschwinden der Viehwirtschaft wurden aber auch die Grinden nicht mehr landwirtschaftlich genutzt. Heute stehen viele dieser Flächen unter Naturschutz, bieten sie doch unter anderem dem Auerhahn wertvollen Lebensraum.

› **Anreise:** Von Baden-Baden fährt die Buslinie 245 täglich bis zum Mummelsee. Autofahrer brauchen von der Innenstadt bis hierher knapp 40 Minuten.

38 Nationalpark Schwarzwald (Besucherzentrum Ruhestein) ★★★ [Umgebung]

Zentrale Anlaufstelle für alle Besucher des „Nationalpark Schwarzwald" ist der Ruhestein, die gut 900 Meter hohe Passhöhe zwischen den Tälern der Murg und der Ach. Hier, wo Baden und Württemberg zusammenstoßen, befindet sich auch das ganz neue Nationalparkzentrum, ein rund 50 Millionen Euro teures architektonisches Prachtstück, das neue Maßstäbe setzt. Wie Totholz liegen seine Gebäudeteile bis zu 65 Meter lang und acht Meter breit in waldiger Umgebung – mit Dächern, die einmal ganz mit Moos zugewachsen sein werden. Blickfang ist ein 35 Meter hoher Turm, der eine großartige Aussicht über die Kronen der umliegenden, mehr als 120 Jahre alten Fichten und Tannen erlaubt. Turm und Besucherzentrum verbindet ein hölzerner Skywalk.

3000 Quadratmeter Nutzfläche hat das neue Areal, zu dem Klassenzimmer und Sitzungsräume ebenso gehören wie Büros für die fast hundert hier tätigen Mitarbeiter des Nationalparkzentrums. Im neuen Bau wird über Wandermöglichkeiten und geführte Touren informiert. Für Speis und Trank gibt es ein kleines Restaurant und einen Shop. Eine große interaktive Ausstellung informiert über die Bedeutung der umliegenden Wälder und ihre Rolle im Kampf um die Vielfalt der Natur, vor allem über die **Bergmischwälder**, die sich auf den nährstoffarmen Buntsandsteinböden des Nordschwarzwalds besonders wohlfühlen. Mit jährlichen Niederschlagsmengen von bis zu 2700 mm, verteilt auf rund 200 Regen- und 180 Nebeltage, gehört die Region zu den niederschlagsreichsten Deutschlands und bietet so Farn, Bärlapp und Moos ideale Wachstumsbedingungen.

Zu den **Tieren**, auf die der Wanderer mit etwas Glück trifft, gehören Reh- und Rotwild, Baummarder, Gartenschläfer und Fledermäuse. Nicht zu überhören sind die vielen Vögel, darunter auch seltene Sänger wie Ringdrossel, Wiesenpieper, Zitronenzeisig, Fichtenkreuzschnabel, Gartenrotschwanz oder Tannenhäher. Und auch das Auerhuhn ist im Nationalpark zu Hause – ebenso wie die sehr seltene Kreuzotter, neben der Aspisviper die einzige in Deutschland heimische Giftschlange. Der schnellste Vogel im Hochschwarzwald ist der Wanderfalke, der im Sturzflug mit 360 km/h seine Beute jagt, die kleinste Eule ist mit knapp 20 Zentimetern der Sperlingskauz.

Als eine Art Glücksfall für die Region, zumindest aus touristischer Sicht, hat sich „**Lothar**" erwiesen: der gewaltige Orkan, der am zweiten Weihnachtsfeiertag 1999 mit Windgeschwindigkeiten von über 200 Stundenkilometern über den Nordschwarzwald fegte und ganze Wälder entwurzelte. Auf einer zehn Hektar großen Fläche entstand so ein fast ein Kilometer langer **Lehr- und Erlebnispfad** am Schliffkopf, zwanzig Autominuten oder eine gute Stunde Fußmarsch vom Ruhestein entfernt und wie dieser ebenfalls an der Schwarzwaldhochstraße gelegen. Der **Lotharpfad** führt über Stege, Leitern und Treppen und zeigt, wie sich die Natur nach dem verheerenden Orkan ganz neue Welten geschaffen hat. So wie hier könnte es künftig auch an anderen Stellen des Nationalparks aussehen.

› **Nationalparkzentrum Schwarzwald,** Schwarzwaldhochstraße 2, Seebach, Tel. 07449 929980, www.nationalpark-schwarzwald.de, Mo.–Fr. 8.30–17 Uhr. Öffnungszeiten der Ausstellung: Mai–Sept. Di.–So. 10–18 Uhr, Okt.–April Di.–So. 10–17 Uhr. Das Zentrum bietet das ganze Jahr über Exkursionen unter fachkundiger Führung von Biologen, Förstern oder Rangern – von der Sonnenaufgangstour morgens um fünf bis zur Sternentour abends um 22 Uhr. Autofahrer brauchen von Baden-Baden zum Nationalparkzentrum gut 45 Minuten. Der Lotharpfad startet an der Schwarzwaldhochstraße, gut 3,5 km vom Schliffkopf Richtung Freudenstadt entfernt. An seinem Zugang finden sich Bushaltestelle und Parkplatz.

39 Klosterruine und Wasserfälle Allerheiligen ★★ [Umgebung]

Natur und Geschichte verbinden sich im Lierbachtal, wo die frühgotische Klosterruine Allerheiligen und die weiter unterhalb gelegenen Wasserfälle Freunde Schwarzwälder Urlandschaften ebenso locken wie geschichtsbewusst Reisende. Schon im 19. Jahrhundert rückten Reportagen die damals nur in aufwendigen Fußmärschen zu erobernde Gegend in den Fokus der Abenteuerreisenden. „Den ganzen Nachmittag ging es bergauf. Um fünf oder halb sechs erreichten wir den Gipfel und plötzlich teilte sich der dichte Vorhang des Waldes und wir schauten in eine tiefe, schöne Schlucht hinunter mit einem weiten Panorama bewaldeter Berge dahinter, deren Gipfel in

Die Klosterruine Allerheiligen zählt zu den beliebtesten Reisezielen im Nordschwarzwald

der Sonne leuchteten und deren von Lichtungen durchzogene Hänge von violetten Schatten gedämpft wurden. Die Schlucht zu unseren Füßen – genannt Allerheiligen – bot am Ende ihres grasbewachsenen Bodens gerade genug Platz für ein abgeschieden von der Welt mit ihren Belästigungen gelegenes, gemütliches, entzückendes Menschennest, und folglich hatten die Mönche der alten Zeit nicht verpasst, es zu entdecken“, schrieb Mark Twain 1878 nach seiner Stippvisite im Schwarzwald.

Auch wenn der Weg zur Klosterruine heute weit weniger beschwerlich ist als damals, von ihrer Faszination hat die Landschaft nichts verloren. Noch immer beeindrucken die mächtigen Mauern aus Buntsandstein, die in der Spätromantik zum neuen Reiseziel wurden. Gegründet wurde das **Kloster** kurz vor der Wende zum 13. Jahrhundert. Als seine Stifterin gilt **Uta von Schauenburg**, eine Tochter des Pfalzgrafen bei Rhein, Gottfried von Calw. Sie war mit Kaiser Barbarossa verwandt und damals eine der reichsten Frauen im deutschen Südwesten. Mit dem Kirchenmodell des Klosters in der Hand zeigt eine um 1300 entstandene Statue Uta heute über dem Portal der Fürstenkapelle im Kloster Lichtenthal 10 in Baden-Baden. Es ist ein Denkmal, das lange Zeit das Kloster Allerheiligen schmückte.

Den Platz für den Bau der Abtei, so erzählt eine Legende, soll ein Esel bestimmt haben. Er habe auf den Höhen des Schwarzwaldes einen Geldsack abgeworfen, der dann bis in die Talmulde an den zum Klosterbau bestimmten Ort gerollt sei. Wie auch immer: 1204 bestätigte der Papst in einer Urkunde die Gründung des Stifts.

Schwarzwaldhochstraße

Noch immer gilt die Schwarzwaldhochstraße als eine der schönsten Panoramastraßen Deutschlands. Die in einer Höhe von 600 bis 1000 Meter von Baden-Baden nach Freudenstadt führende Bundesstraße (B 500) fasziniert mit einem einmaligen Blick auf die Rheinebene bis hin zu den Vogesen. Zwar ist die Strecke nur rund 60 Kilometer lang, doch für den, der all ihre Schönheiten erkunden will, wird sie schnell zur Tagestour. Unterwegs locken Wasserfälle und Seen ebenso wie Denkmäler, Aussichtstürme und spektakuläre Felsen. Zu ihren Topadressen gehören die Hornisgrinde 37*, der höchste Berg im Nordschwarzwald, der sagenumwobene Mummelsee und die Schwarzenbachtalsperre.*

Als Geburtsjahr der Schwarzwaldhochstraße gilt das Jahr 1930, aber erst 1952 konnte man die Strecke zwischen Baden-Baden und Freudenstadt durchgängig befahren. Ihr Bau diente anfangs dazu, die Höhenhotels im Nordschwarzwald leichter und schneller zugänglich zu machen. Heute ist sie ganzjährig befahrbar - auch im Winter, wenn sie Skiläufer zur Anfahrt der Langlaufloipen nutzen oder die Schneeschuhwanderer zum Start in tief verschneite Wälder. Und noch immer ein Mythos ist sie für Motorradfahrer, die Großplakate am Straßenrand immer wieder vor den oft gefährlichen Kurven warnen.

Steil steigt die Schwarzwaldhochstraße von Baden-Badens Osten aus über Lichtental und am Einstieg zum ***Geroldsauer Wasserfall*** 35 *vorbei zum Schlosshotel Bühlerhöhe hinauf. Auf dem* **Plättig** *findet sich ein großer Wanderparkplatz, dem gegenüber der Einstieg zum* ***Luchs- und Wildnispfad*** 36 *ist. Dort findet sich auch eine* ***Kapelle,*** *die der Erbauer des Kurhotels Plättig 1897 erbaute und katholischen und evangelischen Urlaubern als Gotteshaus diente. Auch Konrad Adenauer, der erste Bundeskanzler, besuchte hier während seines Urlaubs auf der Bühlerhöhe gern den Sonntagsgottesdienst. „Gerufen oder ungerufen, der Herrgott ist immer da", mahnt die Schrift über dem Eingang.*

Actionfans kommen auf dem ***Mehliskopf*** *auf ihre Kosten. Hauptattraktion ist dort neben einem von Frühjahr bis Herbst zugänglichen* ***Abenteuer-Klettergarten*** *eine* ***Ganzjahres-Bobbahn*** *(tgl. 10–18, im Winter bis 17 Uhr). Im Winter erwartet den Gast auf dem Mehliskopf eine der längsten* ***Abfahrtspisten*** *im nördlichen Schwarzwald. Los geht es mit dem Pistenspaß, wenn die Temperaturen den Einsatz der Schneekanonen erlauben (160 Kubikmeter Schnee können sie stündlich auf die Piste bringen) oder die Natur selbst für eine weiße Bodendecke gesorgt hat. Dann sind die Lifte auf der mit Scheinwerfern ausgestatteten Abfahrtsstrecke gewöhnlich von 9 bis 22 Uhr in Betrieb. Wer es gemütlicher mag, besteigt den* ***Mehliskopf-Turm,*** *eine der ältesten Aussichtsplattformen im Schwarzwald.*

Am Mehliskopf zweigt die Landesstraße 83 Richtung Murgtal von der Schwarzwaldhochstraße zur ***Schwarzenbachtalsperre*** *ab, einem der größten Stauseen im deutschen Südwesten. Er wurde in den 1920er-Jahren zur Energieerzeugung aufgestaut. Ein Weg führt um die Talsperre, eine vor allem an heißen Tagen empfehlens-*

035bb-gs

werte Wanderung. Zur Abkühlung lädt auch das Wasser: Schwimmen und Baden sind erlaubt!

*Vom Mehliskopf weiter führt die Schwarzwaldhochstraße über Hundseck und Unterstmatt zum **Mummelsee** 37, der unterhalb der **Hornisgrinde** liegt. Der Mummelsee markiert in etwa die Hälfte der Strecke zwischen Baden-Baden und Freudenstadt. Von hier führt sie weiter zum **Ruhestein** 38, dem Sitz des Nationalparkzentrums. Mit dem **Karlsruher Grat** findet sich der schwierigste Felsenweg im Nordschwarzwald ganz in der Nähe. Eine Tour, die Trittsicherheit und Schwindelfreiheit erfordert - und auf alle Fälle festes Schuhwerk. Schon mancher hat dieses zum Teil alpine Gelände unterschätzt!*

*Wieder ein paar Kilometer weiter empfängt der **Schliffkopf** den Reisenden. Hier erinnert der Lotharpfad an die gewaltigen Verwüstungen des Orkans „Lothar", dessen Spuren noch immer deutlich sichtbar sind. Über die **Alexanderschanze** und den Wintersportort **Kniebis** führt die Schwarzwaldhochstraße schließlich weiter nach **Freudenstadt,** ihrem Endpunkt.*

- *www.schwarzwald-tourismus.info*
- *www.nationalparkregion-schwarzwald.de*
- *www.nationalpark-schwarzwald.de*
- *www.skilift-ruhestein.de*
- *www.mehliskopf.de*
- *www.hundseck.de*
- *www.mummelsee.de*
- *www.murgtal.org*
- *www.kniebis.de*

Eine Ganzjahres-Bobbahn findet sich auf dem Mehliskopf, wo im Winter eine der längsten Skiabfahrten des Nordschwarzwaldes lockt

Harte Zeiten brachte die Reformation, unter anderem sogar die Schließung der Klosterschule. Mit der Erhebung zur Abtei erlebte das Kloster 1657 aber einen **Aufschwung** und aus der wieder eröffneten Klosterschule wurde ein populäres Internat. Belebt wurden die Pilgerreisen, indem man 1773 Reliquien der heiligen Clemens von Metz und Bonifatius ankaufte. An Hochfesten wie Ostern oder Pfingsten drängten sich die Wallfahrer daher in Massen im Lierbachtal.

Nach der **Säkularisation** wurde 1803 der gesamte Stiftsbesitz eingezogen. Ein Jahr später setzte ein Blitz die Klosterkirche in **Brand** und beschädigte sie schwer. Danach wurden die alten Gebäude zum Abbruch freigegeben. Steine aus Allerheiligen finden sich heute in einigen damals in der Umgebung neu errichteten Kirchen. Der Altar kam nach Bad Peterstal, wo er noch heute Beachtung findet, die Orgel nach Oppenau. Die Bücher der Klosterbibliothek wurden in die Karlsruher Hofbibliothek und die Universitätsbibliothek Heidelberg gebracht.

Mitte des 19. Jahrhunderts begann man, die Ruine zu sichern. Fast gleichzeitig wurden auch die weiter unterhalb gelegenen **Wasserfälle** – hier stürzt der Lierbach, früher auch Grindenbach genannt, in mehreren Stufen mehr als 80 Meter in die Tiefe – mithilfe eines Weges touristisch erschlossen. Bis Anfang des 19. Jahrhunderts war dieser Durchstieg durch den Schwarzwald unzugänglich. Um das Kloster und die Wasserfälle entwickelten sich im Lauf der Jahrhunderte zahlreiche Sagen, die man heute am besten auf einem gut ausgeschilderten **Rundweg** kennenlernt. Neben den Klosterruinen gibt es eine Gaststätte mit Außenterrasse.

› **Anreise:** Die Wasserfälle sind von Baden-Baden via Achern über die Kreisstraße 5371 erreichbar, die von Ottenhöfen zum Parkplatz der Klosteranlage führt. Von dort leitet ein Weg mit vielen Treppen bergab zum Wasserfall. Wesentlich kürzer ist der Zugang zu den Wasserfällen über den Parkplatz an ihrem unteren Ende, von wo es in rund zehn Minuten bergauf zu den Kaskaden geht. Für die knapp 50 Kilometer Anreise ab Baden-Baden sollte man mit knapp 45 Minuten rechnen.

17 Kloster Allerheiligen, Allerheiligen 6, 77728 Oppenau, Tel. 07804 1200, www.kloster-allerheiligen.de, tgl. 11.30–18.30 Uhr. Restaurant mit kleinen und größeren Speisen, auch für Vegetarier und Veganer.

18 Renchtal Tourismus, Bahnhofstr. 16, 77704 Oberkirch, Tel. 07802 82600, www.renchtal-tourismus.de, April–Okt. Mo.–Fr. 9–17.30, Sa. 9.30–12.30 Uhr, Nov.–März Mo.–Fr. 9–17 Uhr

BADEN-BADEN ERLEBEN

036bb-gs

Baden-Baden für Kunst- und Museumsfreunde

Im Vergleich zu seiner Größe verfügt Baden-Baden über eine **reichhaltige und vielfältige Museumslandschaft.** Sie bildet das Pfund, mit dem die Stadt auch touristisch wuchert. So kommen vor allem die **Freunde moderner und zeitgenössischer Kunst** auf ihre Kosten. Das garantieren die **Staatliche Kunsthalle** 7, vor allem aber das moderne **Museum Frieder Burda** 8 mit seinen Wechselausstellungen. Im **Alten Dampfbad** hinter dem Friedrichsbad zeigt die Gesellschaft der Freunde junger Kunst regelmäßig zeitgenössische Arbeiten.

So bunt wie die Museumslandschaft ist auch das übrige Kulturleben. So verfügt die Stadt mit der **Philharmonie Baden-Baden** über einen der traditionsreichsten Klangkörper Deutschlands. Manche wollen seine Wurzeln in der Hofkapelle des Markgrafen von Baden im 16. Jahrhundert sehen. Wie auch immer: Für die Kurgäste spielte seit dem frühen 19. Jahrhundert ein überwiegend mit böhmischen Gastmusikern besetztes „Sommerorchester" auf, mit dessen Hilfe auch die eine oder andere Opernaufführung im Stadttheater möglich war. Spielte man anfangs nur im Sommer, gab man ab 1854 das ganze Jahr über Konzerte.

Die Liste der Musiker, die mit der Philharmonie auf der Bühne standen, ist beeindruckend und reicht von Franz Liszt, Hector Berlioz, Jacques Offenbach und Johann Strauss bis zu Igor Strawinsky, aber auch Enrico Caruso, José Carreras, Placido Domingo oder Anna Netrebko sonnten sich im Glanz des badischen Orchesters, dessen musikalische Vielfalt mehr als 30 eigene CDs dokumentieren. Fast in der ganzen Welt war die Philharmonie schon zu Gast – am liebsten aber spielt sie in Baden-Baden. Über ein eigenes **Symphonieorchester** verfügt auch der SWR.

Vorseite: *Der Merkur* 27 *ist das Mekka der Gleitschirmflieger*

Museen

19 [E3] **Altes Dampfbad,** Marktplatz 13, Tel. 07221 26261, www.gfjk.de, Di.–Fr. 15–18, Sa. 11–13, So. 11–18 Uhr. Im ersten Obergeschoss des Alten Dampfbads zeigt die Gesellschaft der Freunde junger Kunst e. V. in mehreren Wechselausstellungen jährlich zeitgenössische Kunst.

20 [dg] **Brahmshaus,** Maximilianstr. 85, Tel. 07221 99872, www.brahms-baden-baden.de, Mo./Mi./Fr. 15–17, So. 10–13 Uhr, Eintritt: 5 €. In dem über 150 Jahre alten, mit Schindeln gedeckten Haus im Stadtteil Lichtental verbrachte der Komponist Johannes Brahms von 1865 bis 1874 seine Sommer mit Neukompositionen. In der Mansarde des Hauses erzählen Fotos, Autographen und andere Dokumente aus dem Leben von Brahms und seiner lebenslangen Freundin, der Komponistin und Pianistin Clara Schumann.

21 [E3] **Fabergé Museum Baden-Baden,** Sophienstraße 30, Tel. 07221 970890, www.faberge-museum.de, tgl. 10–18 Uhr, Eintritt: 18 € (Familienkarte 30 €). Ausgesuchte Arbeiten Fabergés, des Hofjuweliers des russischen Zaren, beweisen seine Schaffenskraft. Noble Zigarettenetuis fertigte er ebenso wie

Schmuck aller Art. Prunkstücke sind seine weltbekannten Ostereier.

M22 [ae] **Kunstmuseum Gehrke-Remund,** Güterbahnhofstraße 9, Tel. 01525 5633001, www.kunstmuseum-gehrke-remund.org, Di.–So 11–17 Uhr, Eintritt: 13 €. Dieses privat geführte Museum mit regelmäßigen Wechselausstellungen befindet sich in einer ehemaligen Emaillefabrik im Stadtteil Oos.

M23 [D3] **Literaturmuseum Baden-Baden,** Luisenstr. 34, Tel. 07221 932251, www.baden-baden.de/stadtbibliothek/literaturmuseum, Di., Mi., Fr. 10–18, Do. 11–19, Sa. 10–14 Uhr. Die Ausstellungsräume im Gartenhaus der Stadtbibliothek erinnern mit schriftlichen und bildlichen Dokumenten an mit der Stadt verbundene Schriftsteller wie Werner Bergengruen, Reinhold Schneider oder Otto Flake.

8 [D4] **Museum Frieder Burda.** Das moderne Museum in der Lichtentaler Allee ist aktueller Hort moderner Kunst, die meist in Wechselausstellungen präsentiert wird (s. S. 31).

6 [D4] **Museum LA8.** Renommierte Wechselausstellungen dokumentieren für das 19. Jahrhundert relevante Entwicklungen in Kunst und Technik (s. S. 29).

7 [D4] **Staatliche Kunsthalle.** Das Museum im Jugendstilambiente präsentiert in mehreren Wechselausstellungen jährlich moderne Kunst (s. S. 29).

9 [D5] **Stadtmuseum.** In einem schönen Altbau in der Lichtentaler Allee erwacht die Geschichte Baden-Badens zum Leben (s. S. 33).

079bb-gs

Eingang zum Museum LA8, das Wechselausstellungen zu Kunst, Kultur und Technik zeigt

Kunstgalerien

G24 [E3] **Galerie Estades,** Sophienstr. 11, Tel. 07221 3974141, www.estades.com, Mo.–Fr. 14.30–18, Sa. 13–16 Uhr. Hier handelt es sich um den Ableger einer bekannten französischen Galerie, die sich auf expressionistische Kunst spezialisiert hat.

G25 [E5] **Galerie Malichin,** Lichtentaler Str. 38, Tel. 07221 302812, Do.–Fr. 14.30–18.30, Sa. 11–15 Uhr. Afrikanische Masken und Skulpturen und moderne Kunst.

G26 [D3] **Galerie Scholz,** Sophienstraße 7, Tel. 07221 38972, www.galerie-scholz.de. Hier finden sich gotische Skulpturen neben Bauhaus-Kunst, gelegentlich werden auch Versteigerungen veranstaltet.

G27 [D4] **Galerie Supper,** Kreuzstr. 3, Tel. 07221 3730450, www.galerie-supper.de, Mi.-Fr. 12-18, Sa./So. 12-16 Uhr. Junge, internationale, zeitgenössische Kunst, jährlich bis zu sechs Ausstellungen.

G28 [E5] **Kunstverein Baden-Baden,** Weinbergstr. 14, Tel. 0152 14714455, www.kunstvereinbadenbaden.de, Mi. 18-20, So. 11-14 Uhr. Galerie eines kleinen Vereins zur Förderug heimischer Künstler, die zum Teil auch hier fertigen.

Kunst unter freiem Himmel

Den Anspruch, seine Besucher in Sachen Kunst und Kultur zu verwöhnen, erfüllt Baden-Baden auch im öffentlichen Raum. Denn zahlreich sind die Denkmäler, Monumente, Büsten, Stelen und Kunstinstallationen in der Stadt – hinzu kommen fast fünfzig Brunnen und Wasserdenkmäler. **„Paradies"** ist der Name des spektakulärsten: eine Wasserkunstanlage, die sich gleich über drei Straßenzüge von der Bernhardstraße [F3] rund vierzig Meter hoch bis zur Markgrafenstraße [F4] erstreckt. Sie ziert ein Villengebiet in Baden-Badens Osten, das man 1925 mit der Wassertreppe veredelte. Zur Landesgartenschau 1981 wurden die nach dem Krieg verwahrlosten Kaskaden, die nach dem Vorbild italienischer Renaissancegärten geschaffen wurden, wieder hergerichtet. Auch auf den meist frequentierten Plätzen der Stadt, dem **Augustaplatz** 11 und **Leopoldsplatz** 12, stehen große Brunnenanlagen, die an trockenen Sommertagen als willkommene Luftbefeuchter geschätzt sind.

Aus fast allen Jahrhunderten stammen die **Freiluftdenkmäler:** die römischen Grab- und Weihesteine, die mittelalterlichen Heiligenfiguren und Grabmale – und die vielen stei-

Auf Schaufenster großer und kleiner Galerien treffen Besucher in der Altstadt – wie hier in der Sophienstraße [E3]

nernen Zeugen aus Baden-Badens Blütezeit, dem 19. Jahrhundert. So wie das **Denkmal für die Kaiserin Augusta** in der Lichtentaler Allee 5. 1892 schuf es der Bildhauer Joseph von Kopp, der auch Augustas Ehegatten Wilhelm – seine Büste steht auf einem hohen Sockel vor der Trinkhalle 2 – modelliert hatte. 1910 entstand der **Buberl-Brunnen**, der heute am Rand des Augustaplatzes steht, eine Arbeit des Bildhauers August Kraus (1868–1934). Sie zeigt einen kleinen nackten Jungen, dem sittenstrenge Bürger Baden-Badens anfangs immer neue Kleider angezogen haben sollen, die kunstbeflissene Zeitgenossen aber jeden Tag wieder entfernten.

Unübersehbar ist der sogenannte „Eiserne Kanzler", **Otto von Bismarck**, dessen riesige Statue den Zugang zum Rathaus (Marktplatz 2) markiert. 1915 hatten Baden-Badens Bürger, die Bismarck zwei Jahrzehnte vorher zum Ehrenbürger der Stadt gemacht hatten, das Denkmal gestiftet.

Auffallend aber sind auch die zahlreichen **Werke der Moderne**, die mit Formen spielen und sich nicht immer leicht erschließen lassen. So wie die Bronze **„Philemon und Baucis"** (2011) des in Baden-Baden lebenden Bildhauers Karl Manfred Rennertz vor dem Stadttheater 4 oder die wenig weiter vor dem Museum Frieder Burda 8 stehende Skulptur **„Trois Lignes indéterminées"** (1995) des französischen Bildhauers Bernar Venet. **„Fogue-Fogue"** heißt eine moderne Skulptur des französischen Bildhauers Antoine Poncet am Leopoldsplatz und ganz eigene Akzente setzen auch die drei großen **Vasen auf Stelzen** (2002), welche die Gesellschaft der Freunde junger Kunst fast provokativ zwischen das Friedrichsbad 16 und das Alte Dampfbad gesetzt hat.

077bb-gs

Die Bronzeskulptur „Philemon und Baucis" vor dem Stadttheater

Baden-Baden für Genießer

Auch in Baden-Baden hat der Gast die Qual der Wahl, denn es gibt Fisch und Fleisch, Obst, Gemüse, Nudeln und Kartoffeln satt. Und auch Vegetarier oder Veganer brauchen in der Kurstadt nicht zu hungern. Neben der regionalen badischen Küche, die vor allem in den Vororten wie in Geroldsau oder im Rebland gepflegt wird, gibt es ein breites internationales Angebot: vom klassischen Franzosen über Italiener und Griechen bis zum Inder oder Thailänder. Sushi- und Tapas-Bars, Trattorien, Dönerläden und Pizzerien beweisen, wie weltläufig die Küche an der Oos ist. Das zeigen auch die Speise- und Weinkarten, die dreisprachig, oft sogar vier- oder fünfsprachig ausliegen. Umstritten ist, ob es die eigenständige badische Küche, wie sie viele Lokalpatrioten propagieren, überhaupt gibt. Sie sei vielmehr eine Melange aus schwäbischer, französischer und Schweizer Küche, behaupten die, die nach ihren Wurzeln suchten.

Sterneköche hantieren in Baden-Baden neben Pizzabäckern und Dönerschabern. Vor allem in der Innenstadt wird gekocht und gebacken, gegrillt und gebrutzelt, was das Zeug hält. Manche Restaurants wie die **Prager Stuben** (s. S. 87), seit Jahrzehnten der böhmischen Küche verschworen, oder **La Gondola** (s. S. 87) mit ihren Pizzen und Pastas, haben längst ihr Stammpublikum. Noch mehr ist dies aber in den **Traditionsgaststätten** wie **Schneider's Restaurant und Weinstuben** (s. S. 87) inmitten der Stadt oder im Restaurant des Hotels **Rebenhof im Rebland** (s. S. 130) der Fall. Gourmets lockt unter anderem **Der Kleine Prinz** (s. S. 86), dessen Wände Bilder aus der gleichnamigen Geschichte von Antoine de Saint-Exupéry schmücken.

Badische Küche

Zur badischen Küche gehört traditionell die **Vesper** – *das* Vesper heißt es in Baden-Baden. Es ist eine in Anlehnung an den lateinischen Namen des kirchlichen Abendgebets benannte späte Zwischenmahlzeit, die der Bayer als Brotzeit kennt. Diese kleine Pause zwischendurch kann eine Butterbrezel ebenso bereichern wie eine Hartwurst Marke Landjäger, eine Rohwurstspezialität im Naturfaserdarm, die auch als Peitschenstecken bekannt ist. Besonders hoch im Kurs stehen mit Essig und Öl angemachte Wurst- oder Fleischsalate und nicht selten krönt das typisch badische Vesper, das traditionell auf einem Holzbrett, bestückt mit reichlich Schwarzwälder Schinken und ein paar Scheiben Bauernbrot, serviert wird, ein Kirschwasser oder ein anderer **Obstbrand.**

Eine regionale Spezialität ist der **Bibeleskäs**, auch Bibbeleskäs oder Bibiliskäs genannt. Dahinter verbirgt sich eine Quarkspeise, die ihren Pfiff durch die Zutaten gewinnt. Meist wird dem Bibeleskäs Schnittlauch beigefügt, aber auch gepresster Knoblauch, fein geschnittene Zwiebeln, Salz, Pfeffer und etwas Milch sowie Rahm. Woher der Käse seinen Namen hat, weiß niemand genau, deshalb wollen auch wir uns am Rätselraten nicht beteiligen. Serviert wird die Spezialität gern mit gekochten Kartoffeln oder frischem Bauernbrot.

Das I-Tüpfelchen der badischen Küche sind die **Soßen**, deren Beste besonders viel Arbeit machen. Handgeschabte **Spätzle** sind eine beliebte Beilage oder auch **Kraut.** Unter den Fleischsorten steht **Wild** hoch im Kurs: Fasan und Reh, Wildschwein oder Feldhase. Eine gute Einkaufsquelle für Wildfleischprodukte ist die Stadt Rastatt, wo die Forstbehörde das von ihren sogenannten Regiejägern geschossene Wild u.a. zu Rehgulasch oder Wildschweinbratwürsten verarbeitet und verkauft (Info-Tel. 07222 9726500).

Gastro- und Nightlife-Areale
Bläulich hervorgehobene Bereiche in den Karten kennzeichnen Gebiete mit einem dichten Angebot an Restaurants, Bars, Klubs, Discos etc.

Baden-Badener Rehrücken

__Zutaten:__ 1 kg Rehrücken, 100 g Speck in dünnen Scheiben, 375 ml saure Sahne, 3 Birnen, Zitronensaft, Wacholderbeeren, Zimt, Salz, Pfeffer, 130 g Johannisbeergelee

__Zubereitung:__ Zuerst gilt es, den Backofen auf 250 Grad Celsius vorzuheizen, dann den Rehrücken häuten, salzen und pfeffern, mit den zerdrückten Wacholderbeeren einreiben und mit Speck belegen. Der so präparierte Rehrücken wird dann in einem Bräter oder einer Saftpfanne in den Ofen geschoben. Nach circa 30 Minuten gibt man die saure Sahne zu und lässt den Rehrücken weitere 15 bis 20 Minuten garen. In der Zwischenzeit die Birnen schälen, halbieren, Kerne entfernen, die Schnittfläche mit Zimt und Zitronensaft würzen und halbweich dünsten. Das Johannisbeergelee in die Höhlungen geben. Schlussendlich richtet man den Rehrücken auf einer Platte an und drapiert die Birnen ringsum. Dazu reicht man traditionell Spätzle, aber auch Kroketten, Rosenkohl oder andere Saisongemüse schätzt man inzwischen als Beilage.

Rehrücken – eine der Spezialitäten in der Stadt (hier im Restaurant Der Kleine Prinz, s. S. 86)

040bb-gs

Eine Baden-Badener Spezialität ist der **Rehrücken**, der einstige „Braten der High Society". Heute erhält man ihn außerhalb der Wildsaison allerdings nur auf Vorbestellung. Ursprünglich wurde er mit Speckstreifen gespickt. Da man damit jedoch die feinen Fasern des Fleischs zerstört, wird der Braten heute meist nur noch mit Speckscheiben belegt. Literarisch hat ihn Johannes Mario Simmel in seinem Bestseller „Es muss nicht immer Kaviar sein" verewigt.

EXTRATIPPS

Dinner for one

› **Der Kleine Prinz** €€€ (s. S. 130), tgl. 12–14 und 18.30–22 Uhr. Warum sich nicht einmal selbst verwöhnen? Kulinarisch ist das Restaurant im Hotel „Der Kleine Prinz" eines der besten Lokale der Stadt. Die gehobene Küche passt zum Ambiente des Themenrestaurants, dessen Teller und Wände mit Zeichnungen an die liebenswerte Figur aus Antoine de Saint-Exupérys berühmter Erzählung erinnern. Bei Fleisch und Fisch vom Feinsten wie einem Rehrücken mit Pilzen in Preiselbeersoße sitzt der nächste Prinz vielleicht schon am Nebentisch ...

078bb-gs

Der erste Kaffee

29 [bf] **Röstfrisch,** Uhlandstraße 2, Tel. 07221 9733656, www.roestfrisch.eu, Mo.–Fr. 8–18, Sa. 8–16.30, So. 12.30–17.30 Uhr. In der Kaffee- und Espressomanufaktur kommt man schnell auf Touren. Gebäck und Schokolade versüßen den Start in den Tag.

Essen mit Aussicht

30 [df] **Merkurstüble** €, Merkuriusberg 5, Tel. 07221 31640, www.merkurstueble-baden-baden.de, tgl. 10–21.30 Uhr. Auf der Außenterrasse des generalsanierten Ausflugsrestaurants auf dem Merkur, gleich neben der Bergstation der Seilbahn, liegt einem die Stadt buchstäblich zu Füßen. Badische Kartoffelsuppe oder schwäbische Salatteller, Ochsenmaulsalat oder geräucherte Forellenfilets helfen gegen Hunger, Schwarzwälder Kirschtorte oder Bienenstich versüßen den Ausblick.

Lecker vegetarisch

31 [D3] **Naturkost-Café,** Büttenstr. 8, Tel. 07221 31448, Mo.–Fr. 12–15 Uhr. Seit über 30 Jahren kocht man hier biologisch nachhaltig zu unschlagbaren Preisen. Das Ambiente gleicht einem großen Wohnzimmer mit einfachster Möblierung, in deren hinterster Ecke die Chefin kocht.

Zum Hotel Der Kleine Prinz gehört auch ein Restaurant

Empfehlenswerte Restaurants

Preiskategorien

Preis für ein Dreigängemenü ohne Getränke

€	bis 30 €
€€	30–45 €
€€€	ab 45 €

- **32** [ch] **Gasthaus Auerhahn** €€, Geroldsauerstraße 160, Tel. 07221 7435, www.gasthaus-auerhahn.de, tgl. 7–24 Uhr. Typisches Landgasthaus im Stadtteil Geroldsau. Auf der Karte finden sich unter anderem Hirschcarpaccio, Maultaschen und Badischer Sauerbraten.
- **33** [E5] **La Gondola** €-€€, Du-Russel-Str. 2, Tel. 07221 22407, tgl. 12–14 und 18–22 Uhr (So. bis 21 Uhr). Pasta und Pizza satt. Viel Stammpublikum, deshalb Reservierung nötig!
- **34** [D4] **Le Bistro** €, Sophienstraße 4, Tel. 07221 32311, www.lbbb.de, Mo.–Fr. 10–24, Sa., So. 9–24 Uhr. Beliebter Treffpunkt in französischem Bistrostil in Kurhaus-Nähe. Mo. bis Do. gibt es einen wöchentlich wechselnden Lunch. Spezialität sind die Wildgerichte aus eigener Jagd. Die Außenterrasse steht das ganze Jahr über offen – dank Heizstrahler und wärmender Decken!
- **35** [E3] **Prager Stuben** €-€€, Gernsbacher Str. 31, Tel. 07221 396340, www.hotel-am-friedrichsbad.de, tgl. 11–15 und 17–23 Uhr. Traditionsrestaurant mit deftiger böhmischer Küche, Pilsner Urquell und Budweiser vom Fass. Große Portionen, Knödel und Soßen satt. Viel gelobte Spezialität sind die Enten.
- **36** [F3] **Restaurant Hotel Magnetberg** €€, Scheibenstr. 18, Tel. 07221 3640, http://hotel-magnetberg.de, Di.–So. 12–14 und 18–21 Uhr. Hotelrestaurant mit gepflegter Außenterrasse, die einen schönen Panoramablick auf die Altstadt bietet. Da munden gebratene Meerbarben ebenso wie die Kartoffel-Gemüse-Pfanne mit gebratenem Tofu. Sehr preiswert ist der tagesaktuelle Mittagslunch.
- › **Restaurant Hotel Rebenhof** €-€€ (s. S. 130), tgl. 17–21.30 Uhr. Restaurant mit vielen Stammgästen, die die badische Küche schätzen, zum Beispiel das mit Kräuterbutter überbackene Schneckenpfännle, Maultaschen oder das Bühler Zwetschgensteak. Im Sommer große Terrasse.
- **37** [D4] **Rizzi WineBistro & Restaurant** €€-€€€, Augustaplatz 1, Tel. 07221 25838, www.rizzi-baden-baden.de, So.–Do. 12–23, Fr., Sa. 12–24 Uhr. Angesagtes Restaurant mit preiswertem, wöchentlich wechselnden Businesslunch (12–15 Uhr). Frische Austern finden sich auf der Karte ebenso wie Bouillabaisse und Wiener Schnitzel. Große Außenterrasse.
- **38** [E5] **Schneider's Weinstube im Badener Weinkeller** €€, Maria-Viktoria-Str. 2, Tel. 07221 9766929, www.schneiders-weinstube.de, Mo.–Sa. 17–23 Uhr. Zu den Klassikern des Restaurants an neuem Standort gehören das

EXTRATIPP

Raucher willkommen

- **39** [E3] **Restaurant Pivnice,** Gernsbacher Str. 31, Tel. 07221 396340, www.hotel-am-friedrichsbad.de. Das Lokal neben den Prager Stuben gehört zu den stilvollsten Raucherlokalen im deutschen Südwesten. Unter ausgedienten Musikinstrumenten, die an der Decke hängen, mundet frisch vom Fass gezapftes Bier.

Eine eigene Raucherlounge bietet abends die Sun-si-Bar (s. S. 90) und auch im Hotel Maison Messmer (s. S. 131) direkt neben dem Kurhaus gibt es eine solche.

Rinderfilet mit handgeschabten Spätzle oder hausgemachte Zanderklößchen auf Blattspinat.

40 [ch] **Waldgaststätte Bütthof** €, Bütthof 1, Tel. 07221 73747, www.buetthof.de, Nov.-April Di.-Fr. ab 15, Sa. ab 11, So. ab 10 Uhr, Mai-Okt. Mi.-Sa. ab 11, So. ab 10 Uhr. Landgasthof in der Nähe des Geroldsauer Wasserfalls mit großem Außenbereich, innen mit Hüttencharakter. Einfache Küche mit Schwarzwaldforelle oder Bibeleskäs mit Gartenkräutern und Grillkartoffeln.

Für den kleinen Hunger und Geldbeutel

41 [C6] **Athos** €, Fremersbergstr. 23, Tel. 07221 9923354, www.athos-hotel.com, tgl. 17-23, Sa./So. auch 11.30-23 Uhr. Griechisches Hotel-Restaurant mit typischer Grillküche.

42 [D3] **Badisches Café & Restaurant M10** €-€€, Markplatz 10, Tel. 07221 3952421, www.marktplatz10.de, Di.-So. 11-21 Uhr. Viel gelobter Integrationsbetrieb, in dem Menschen mit Behinderungen arbeiten. Alle Speisen sind hausgemacht, auch der wöchentlich wechselnde Mittagstisch. Viele Stammgäste.

43 [D3] **Baldreit** €€, Küferstraße 3, Tel. 07221 23136, Di.-Sa. 17-22 Uhr. Versteckt im Herzen Baden-Badens befindet sich diese Weinstube. Saiblingstatar und andere Feinheiten gibt es im Sommer im efeuumrankten Innenhof.

› **Café Bar Trinkhalle** €-€€, Trinkhalle 2, Tel. 07221 302905, www.in-der-trinkhalle.de, tgl. 10-18 Uhr. Gemütliches Ambiente mit schöner Terrasse in traditionsreicher Umgebung. Bier vom Fass, Weine und Cocktails, dazu Bruschetta, Flammkuchen oder Baguette. Natürlich aber auch Kaffee und Kuchen!

44 **Hofcafé Gugelhupf** €-€€, Burnieweg 1, Tel. 0160 91341466, www.landseehof.de, Fr.-So. 9-22 Uhr. Kleines Hofcafé in einem täglich geöffneten Biohof im Stadtteil Haueneberstein. Frühstück, Mittagstisch und Kaffee aus großteils heimischen oder gar selbst gemachten Produkten.

45 [bg] **Waldgaststätte Turm Fremersberg** €, Fremersberg Turm 1, Tel. 07221 995331, www.turmfremersberg.de, Mo., Do.-Sa. ab 17, So. ab 11 Uhr. Viel besuchte Vesper- und Ausflugsstube auf dem Fremersberg. Im Angebot sind neben Wild-, Fleisch- und Käsefondue u. a. Wurstsalat, Rahmkäse und andere Vesperspezialitäten.

Cafés und Eissalons

› **Café König** (s. S. 95)

› **Café Kunsthalle** (s. S. 31)

46 [D4] **Eiscafé Capri**, Sophienstr. 1b, Tel. 07221 23751, Mo.-So. 9-23 Uhr. Viel gelobtes und immer gut besuchtes Eiscafé in Kurhaus-Nähe. Seine Gäste schätzen den von Rosinen veredelten Malaga-Becher ebenso wie den Käsekuchen zum Cappuccino. Ein Ableger des Betriebes ist die:

47 [D3] **Eismanufaktur ColleGelato**, Lange Straße 1, tgl. ab 12 Uhr.

48 [E3] **Kaffeehaus in Baden-Baden**, Gernsbacher Str. 24, Tel. 07221 7025020, www.kaffeehausinbadenbaden.com, Mo.-Sa. 9-17, So. 12-17 Uhr. Espresso, heiße Schokolade, Cappuccino, Café crème, dazu täglich selbstgebackene Kuchen.

49 [D3] **Kaffeesack. Die Brewbar**, Hirschstraße 6, Tel. 07221 3979187, www.kaffeesack.de, Mo.-Sa. 11.30-17.30 Uhr. Kleines Café mit hauseigener Rösterei, die die Bohnen im traditionellen Trommelröstverfahren veredelt.

Abends locken Restaurants und Cafés mit ihren Terrassen

Baden-Baden am Abend

In Baden-Baden kommt auch am Abend keine Langeweile auf. Dafür sorgen nicht nur **Festspielhaus** 1, **Casino** 3 und **Theater** 4, die – von ihren Betriebsferien einmal abgesehen – eigentlich immer Programm anbieten, sondern auch ein paar luxuriöse **Cocktailbars** und gestylte **Kneipen,** die zum Teil mit Livemusik locken. Auch spontane Musikeinlagen der Gäste sind in den Bars nichts Ungewöhnliches. Sperrzeiten stören die Nachteulen übrigens kaum. Werktags gelten die nur zwischen 5 und 6 Uhr morgens, die Nächte auf Freitag und Sonntag oder vor Feiertagen kann man gar durchfeiern.

Biergarten

50 [B1] **Bierbrunnen Baden-Baden,** Eisenbahnstr. 9, www.bierbrunnen-baden-baden.de, Tel. 07221 3986186, Mo.–Fr. 14–23, So. 11.30–20.30 Uhr. Klassischer Biergarten mit Bier vom Fass, zu dem Flammkuchen oder Steaks und Burger schmecken. Auch Innenplätze.

› **Biergarten Geroldsauer Mühle,** Geroldsauer Mühle (s. S. 93), Tel. 07221 99646830, www.geroldsauermuehle.de, im Sommer tgl. 11.30–22 Uhr. Baden-Badens wohl bekanntester Biergarten punktet vor allem mit herrlichem Bier vom Fass.

51 [F2] **Waldschänke,** Hungerberg 6, Tel. 07221 32212, Mai–Sept. Mo. 17–23, Mi.–Sa. 16–23, So. 11–23 Uhr. Oberhalb von Baden-Baden gelegener Biergarten im ehemaligen Gartenschaugelände mit schöner Aussicht auf das Neue Schloss und den Fremersberg.

Theater und Konzerte

1 [C2] **Festspielhaus.** Eine der größten Festspielbühnen Europas fasziniert mit weltweit beachteten Eigeninszenierungen und Gastspielen.

52 **klag-Bühne Gaggenau,** Luisenstraße 17, Tel. 07225 962513, www.kulturrausch-gaggenau.de. Von fünf Frauen betriebene Kleinkunstbühne, die ihre Veranstaltungen inzwischen auch in der ganzen Region verteilt.

041bb-gs

EXTRATIPP

Theater unter freiem Himmel

Zwei große **Open-Air-Bühnen** locken den Baden-Baden-Reisenden im Sommer. In Neuweier, mitten im Rebland, gibt es jährlich ab Juni ein Freiluftprogramm mit Theater und Musik. In Ötigheim findet sich eine der größten Freiluftbühnen Deutschlands. Zu den Klassikern vor den Toren Rastatts gehört die Aufführung der „Passion". Aber auch Musicals, Rock-, Chor- und klassische Konzerte gehören zum Bühnenprogramm.

60 Freilichtbühne Ötigheim, Oberer Tellplatzweg 3, Ötigheim, Tickets: Tel. 07222 968790, www.volksschauspiele.de

61 [ah] **Freilichtbühne Rebland,** Weinstraße, Neuweier, Tickets: Tel. 07221 395750, www.facebook.com/FreilichtbuehneRebland

4 [D4] **Theater Baden-Baden.** Das Stadttheater punktet mit eigenen Inszenierungen, aber auch mit interessanten Gastspielen.

Bars und Bistros

53 [C1] **Bonito,** Lange Str. 79, Tel. 07221 973298, www.bonito-badenbaden.de, Di.-Do., So. 18-23.30, Fr., Sa. 18-1 Uhr. Tapas- und Cocktailbar in der Innenstadt. Happy Hour mit Cocktails zu halben Preisen von 18 bis 20 und 22.30 bis 1 Uhr. Im Angebot sind neben kalten und warmen Tapas auch Paella und andere typisch spanische Speisen.

54 [E4] **CaféBar Bruder & Schwester,** Merkurstr. 9, Tel. 07221 2700, www.hubers-hotel.de, Mi.-So. 17-24 Uhr. Hotelbar im Zentrum für den Absacker oder die kleine Pause beim Stadtbummel.

55 [D5] **Fritz und Felix Bar,** Schillerstr. 4/6, Tel. 07221 900 999, www.fritzxfelix.com, So.-Do. 18-1, Fr., Sa. 18-2 Uhr. Bistro und Bar im Luxushotel Brenner, in dem sich auch die tagsüber geöffnete Oleander Bar befindet.

56 [E3] **Sun-si-Bar,** Sophienstr. 15 (Sonnenplatz), Tel. 07221 3989488, www.sun-si-bar.de, Di.-Mi. 21-3, Do. 21-4, Fr.-Sa. 21-5 Uhr. Die Innenstadtbar in einem alten Gewölbekeller bietet am Wochenende Unterhaltung mit DJs und gelegentlichen Live Acts.

57 [E4] **Weinbar Monte Christo,** Eichstraße 3/5, Tel. 07221 393434, https://monte-christo-baden-baden.de, Mi.-Sa. 19-23 Uhr. Kleine Bar in spanischem Ambiente, die hin und wieder auch zu Weinproben lädt. Auf den Tisch kommen Tapas mit Manchego-Käse und Oliven, luftgetrockneter Serranoschinken, Ziegenfrischkäse, kleine Sardinen und Avocadocreme – aber auch im Ofen geschmorte Lammschulter oder Gambas in Knoblauchöl.

Klubs, Discos und Co.

› **Bernstein Club,** im Casino **3**, Tel. 07221 3024696, www.bernstein-club.com, Fr.-Sa. 0-3.30 Uhr. Exklusiver Barbetrieb im Casino Baden-Baden, Spielwiese der Champagner-verwöhnten „vornehmen Gesellschaft", gelegentlich Livekonzerte. Zutritt ab 21 Jahren in vornehm-gepflegter Kleidung.

58 [D4] **Equipage,** Kaiserallee 1, Tel. 07221 32375, www.equipage-baden-baden.de, Fr.-Sa. 21-4 Uhr. Musik-, Tanz- und Cocktailbar im Kurhaus. Allabendliches Musik- und Showprogramm internationaler Bands, Einlass ab 18 Jahren.

59 [D2] **Max's Baden-Baden,** Kaiserallee 4, Tel. 0172 7333169, www.maxs-baden.de, Mi., Fr., Sa. 23-5 Uhr. Diskothek und Clublounge, in der Discjockeys am Wochenende kräftig einheizen.

Baden-Baden für Shoppingfans

Kleine Stadt mit großem Einkaufsangebot: In Baden-Baden sind vor allem die bestens aufgehoben, die nicht jeden Cent umdrehen müssen. Viele Läden und Boutiquen haben sich auf ein internationales, zahlungskräftiges Publikum eingestellt, auf markentreue Kunden, die nichts mehr schätzen als Qualität. Selbst Secondhandshops geben sich hier ganz exklusiv. Schnäppchenjäger sind in den benachbarten Großstädten wie Karlsruhe oder Freiburg besser dran – oder im Elsass, wo sich in Roppenheim, gleich hinter der deutsch-französischen Grenze, eines der größten Outletcenter Frankreichs findet, ein kleines Shoppingdorf mit ca. einhundert Läden.

Teure Designerlabel, ausgesuchte Accessoires, erlesene Antiquitäten, feinste Weine, Brände, Sekte und Liköre, Hüte, Mäntel, Jacken und mechanische Uhren aus kleinen Manufakturen, handgefertigte Ohrstecker, Ringe und Ketten, edle Pralinen und Schokoladen – in Baden-Baden zeigt die Welt, was sie **Genussmenschen** zu bieten hat. Männer und Frauen, die mit der Mode gehen, hat man im Auge, Zeitgenossen, die mit **zeitloser Eleganz** liebäugeln, mit Stoffen wie Seide oder Cashmere, mit Maßanzügen und handgefertigten Schuhen, die Individualität mehr schätzen als Genormtes von der Stange.

Die Zeiten aber, als sich Markenartikler wie Armani oder Jil Sander in Baden-Baden noch eigene Shops leisteten, sind vorbei. Und auch in den Juwelierläden, die Uhren zu Preisen offerieren, für die andere ein ganzes Jahr arbeiten müssen, spürt man, dass das Geld nicht mehr so locker sitzt wie früher. Trotzdem ist die Gegend um den **Leopoldsplatz** ⓬ noch immer eine **feine und hochpreisige Einkaufsregion.**

Schwarzwälder Spezialitäten bekommt man in der Geroldsauer Mühle (s. S. 93)

043bb-gs

Shoppingareale
Die wichtigsten Shoppingbereiche der Stadt sind im Kartenmaterial mit einer rötlichen Fläche markiert.

Ein ganz besonderer Anziehungspunkt sind die **Kurhaus-Kolonnaden**, Baden-Badens berühmteste und älteste Ladenzeile. Allerdings sind auch hier die teuren Läden weniger geworden und haben Platz für Dienstleister wie die Tourist-Information Baden-Baden (s. S. 120) gemacht. Dabei waren die Ladenzeilen in der Nachbarschaft des Kurhauses einmal eine Art „Fashion Outlet" des 19. Jahrhunderts. Die 1867 entstandenen Läden mussten täglich bis 22 Uhr offen stehen, um die Kurgäste auch abends noch zum Einkaufsbummel zu animieren.

Wichtigste Einkaufsachsen in Baden-Baden sind neben der Sophienstraße die **Lange Straße** [D2/3] und die **Lichtentaler Straße** [D4], wo sich ein Geschäft an das andere reiht – Läden mit teurer Designermode, feinen Dessous und hippen Designartikeln. Hier lohnt sich das Bummeln und die Schaufenster locken! Noch exklusiver geht es in den beiden Seitenstraßen der Lichtentaler Straße zu, der **Merkur- und der Eichstraße** [E4], in denen sich kleine Manufakturen verstecken, die Uhren oder Schuhe fertigen. Maßarbeit, die ihren Preis hat!

Auch in der **Altstadt** ist manche Shoppingperle hinter schlichten Mauern versteckt. Protzen müssen die Läden hier nicht. Es genügt die Qualität ihrer Angebote. „Geiz ist geil" gilt hier nicht! Wer große **Einkaufszentren** sucht, muss aus der Stadt Richtung Westen in den Stadtteil **Cité** fahren, wo sich große Ketten wie Media Markt oder C&A in einem Neubau zusammen mit Brezelbäckern und Fast-Food-Restaurants versammelt haben (**Shopping Cité**, s. S. 93).

Schnäppchenjäger müssen mit dem Auto eine knappe halbe Stunde nach Frankreich fahren. Direkt hinter der Grenze bei Roppenheim (gleich nach der Rheinüberquerung) befindet sich das Einkaufsdorf **TheStyle-Outlets** (s. S. 93). Gut einhundert Markenartikler – unter anderem Adidas, Calvin Klein, Cinque, Gant, Geox, Fossil, Levis, Mango, Mephisto, Puma, Jack Wolfskin, Tommy Hilfiger Samsonite und Timberland – bieten hier montags bis samstags ihre Waren an.

Auch in Baden-Baden fällt die Suche nach einem **Mitbringsel** nicht leichter als anderswo. Ein paar Adressen aber können bei der Souvenir-Suche besonders punkten, etwa das **Café König** (s. S. 95), das mit köstlichen Pralinen und Gebäck verwöhnt – z. B. mit den berühmten „Baden-Badener Kurgartenkastanien", die besonders lecker schmecken. Ein guter Ort zum Geschenkekauf sind auch die **Museumsshops.** So gibt es in den Römischen Badruinen ⓯ Tongefäße und Münzen zu kaufen – Kopien versteht sich, keine Originale. Im Museum Frieder Burda ❽ hält man an der Kasse Gebrauchsartikel in schickem Design bereit. Schlüsselanhänger mit Original-Jetons gehören im Casino ❸ zu den Bestsellern.

Aber auch wer nach **Weinen** oder **Spirituosen** sucht, wird in und um Baden-Baden, wie zum Beispiel im Rebland (33), garantiert fündig. Wobei auch hier die alte Weisheit gilt, dass man Gutes nicht sucht, sondern findet!

Einkaufszentren

62 Roppenheim TheStyleOutlets, 1 Route de L'Europe, F-67480 Roppenheim, Tel. +33 (0)388727717, Mo.-Sa. 10-19 Uhr. Das Outletcenter befindet sich gleich hinter der deutsch-französischen Grenze. Anreise von Baden-Baden über die B 500 Richtung Hagenau. Im Vergleich zu deutschen Outlets sollte aber nicht mit viel günstigeren Preisen gerechnet werden.

63 [be] **Shopping Cité,** Gewerbepark Cité 7, Tel. 07221 972160, www.shopping-cite.de, Mo.-Sa. 10-19 Uhr. In diesem Einkaufscenter am Stadtrand finden sich rund 3 Dutzend Geschäfte auf ca. 18.000 m² Verkaufsfläche - vom Media Markt bis C&A, daneben Service- und Dienstleister wie Apotheke, Nagelstudio und Sparkasse.

Buchhandlungen

64 [be] **Bahnhofsbuchhandlung Schmitt & Hahn,** Ooser Bahnhofstr. 4, Tel. 07221 54923, Mo.-Sa. 6-19, So. 8-18 Uhr. Für alle, die schon früh nach einer Zeitung oder Zeitschrift suchen.

65 [D3] **Buchhandlung Straß,** Gernsbacher Str. 7 (Jesuitenplatz), Tel. 0722124135, www.eulenbrief.de, Mo.-Fr. 9-18.30, Sa. 9-16 Uhr. Gut sortierte, privat geführte Innenstadtbuchhandlung mit einem großen Angebot an Regionalia.

66 [E3] **Mäx und Moritz,** Sophienstr. 9, Tel. 07221 32315, www.maex-und-moritz.de, Mo.-Fr. 9-18.30, Sa. 9-16 Uhr. Auf Kinder- und Jugendbücher sowie Spiele und Geschenke spezialisierte Buchhandlung.

67 [D3] **Thalia Buchhandlung,** Mühlengasse 2, Tel. 07221 301380, www.thalia.de, Mo.-Sa. 9-18 Uhr. Bücher, Hörbücher und vieles mehr für jedes Alter und jeden Geldbeutel.

EXTRATIPP

Geroldsauer Mühle

Die Geroldsauer Mühle ist ein ein **Gasthaus** samt Biergarten, eine **Geschenkboutique**, eine **Metzgerei** samt **Bäckerei** und ein **Mühlenmarkt:** eine Verkaufsplattform für Landwirte und Erzeuger aus der Region, die Obst und Gemüse ebenso im Angebot haben wie Schwarzwälder Käse und Speck, dazu Mühlenbier aus der Alpirsbacher Klosterbrauerei, Lachsforellenfilets, Holunderblütenessig, Haselnusslikör und badischen Whisky. Weiter im Angebot des Mühlenmarktes sind Biofleisch schottischer Hochlandrinder, die jetzt im Schwarzwald grasen, und heimische Wildspezialitäten vom Forstamt Baden-Baden.

Die Eventagentur im Haus (www.naturpur-events.de) vermittelt Weinproben, Schneeschuh- und Langlaufkurse, Mountain- und E-Bike-Touren.

70 [cg] **Geroldsauer Mühle,** Geroldsauer Straße 54, Tel. 07221 9964680, www.geroldsauermuehle.de, variierende Öffnungszeiten, Kernzeit ist tgl. 11-18 Uhr. Wird von den Buslinien 204 und 245 direkt angefahren.

Mode, Schmuck und Accessoires

68 [D3] **Avellana Cashmere,** Lange Str. 43, Tel. 07221 9705767, www.avellana-cashmere.de, Mo.-Sa. 10-18 Uhr. Exklusive Cashmere-Strickartikel, die in Baden-Baden entworfen und in der Mongolei aus feinsten Materialien gefertigt werden.

69 [D4] **Blanc du Nil,** Lichtentaler Str. 15, Tel. 07221 9706443, www.schulz-moden.de, Mo.-Fr. 10-18, Sa. 10-17, So. 11-16 Uhr. Modegeschäft mit ausnahmslos weißer Bekleidung und Accessoires. Mediziner gehören zu den Stammkunden!

081bb-gs

🔒71 [E4] **Gerhard Kuhnhäuser,** Eichstr. 7, Tel. 07221 260833, www.lederschneider.de, Mo.–Fr. 10–14 und 15–18 Uhr (außer Mi.). Leder von Hirsch, Ziege, Rind, Rentier, Elch oder Lamm werden hier in exklusive Garderobe für Männer und Frauen verwandelt.

🔒72 [E3] **Laufsteg,** Steinstr. 5, Tel. 07221 22602, www.laufsteg-baden-baden.de, Mo.–Fr. 12–18, Sa. 10–14 Uhr. Kleine, privat geführte Altstadtboutique mit Designerklamotten aus zweiter Hand für Damen.

🔒75 [D4] **Manufaktur Salon,** Merkurstr. 4, Tel. 07221 3958255, www.manufaktursalon.de. Kay Jaeger und Jochen Benzinger haben sich der Herstellung hochpreisiger mechanischer Uhren verschrieben, die trotz Zeiten zunehmender Digitalisierung immer mehr Freunde finden. Daneben haben in ihrem Laden aber auch Uhren anderer Designer Platz.

Mit Lichteffekten gestaltete Schaufenster in Baden-Badens Shoppingmeile

🔒73 [D3] **Olivier Maugé Couture,** Lange Str. 22, Tel. 07221 2940, www.oliviermauge.de, Mo.–Fr. 10–18.30, Sa. 10–18 Uhr. Nach eigenen Angaben Deutschlands größter Hutsalon. Mode ganz nach Kundenwünschen. Journalisten titulieren den Modemacher gar als „Karl Lagerfeld von Baden-Baden".

🔒74 [D3] **Stoff & Pelz,** Eichstr. 5, Tel. 07221 25431, www.pelz-welz.de, Mo.–Fr. 10.30–13 und 14–18.30, Sa. 10.30–16 Uhr. Kürschnermeister Peter Welz bringt alte Felle neu in Form oder schafft neue Pelzkreationen nach Kundenwünschen. Auch Änderungswünschen an Hüten und Mützen kommt er gern nach.

🔒76 [D3] **Ulrich Weber Schmuckmanufaktur,** Büttenstr. 11, Tel. 07221 271610, www.etsy.com/shop/GoldschmiedeWeber, Mo., Di., Do., Fr. 9–13 und 14–18, Sa. 9–13 Uhr. Handgemachte Ringe, Ohrstecker, Armreifen, Colliers. Es lohnt sich, vor dem Atelier-Besuch auf der Website der Manufaktur zu stöbern.

🔒77 [D4] **Vickermann und Stoya,** Merkurstr. 3–5, Tel. 07221 392401, www.vickermannundstoya.de, Mo.–Fr. 9–13 und 14–18, Sa. 9–13 Uhr. Maßgefertigte Schuhe ab 2.800 € aus eigener Manufaktur. Handarbeit vom Feinsten, die ein ganzes Leben halten soll!

Antiquitäten und Kunsthandwerk

🔒78 [D3] **Antiquariat Gertrud Thelen,** Büttenstr. 11, Tel. 07221 33398, Di.–Fr. 10–12.30 und 15–18, Sa.10–14 Uhr. Im Angebot sind rund 70.000 Titel aus allen Wissensgebieten – vor allem auch Kunstbände und Regionalia.

🔒79 [D3] **Antiquariat im Baldreit,** Baldreitstraße 3, Tel. 07221 949956, www.baldreit.de, Mo.–Fr. 10–13 und 15–18 Uhr, Sa. 10–14 Uhr. Über 15000 vergriffene Titel finden sich in dem Innenstadtladen, zum Teil jahrhundertealte Raritäten.

80 [E4] **Helmi Böttrich StuhlArt,** Stefanienstr. 22, Tel. 07221 9734553, www.helmi-boettrich.com, Di.-Fr. 11-19, Sa. 11-14 Uhr. Die Kunsthandwerkerin macht aus alten Küchenstühlen oder Sesseln moderne Möbel, verzaubert die Sitze nicht nur mit bunten Farben und Stoffen, sondern auch mal mit einem Persianerkragen oder Bisamstulpen.

Schokolade und Pralinen

81 [D4] **Café König,** Lichtentaler Str. 12, Tel. 07221 23573, www.chocolatier.de, Mo.-Sa. 8.30-18.30, So. 9.30-18.30 Uhr. Ein Paradies für alle Leckermäulchen! Im Angebot sind 33 Pralinensorten und fast drei Dutzend Sorten Tafelschokolade aus eigener Herstellung. Neben den Katzenzungen munden besonders die Linzer- und die Sachertorte.

82 [D3] **Confiserie Böckeler,** Lange Str. 40/42, Tel. 07221 949594, www.boeckeler.org, Mo.-Sa. 9-18.30, So. 9-18 Uhr. Feine Torten, Macarons, Gebäck und Schokolade - alles hausgemacht.

Schnaps und Likör

In und um Baden-Baden gibt es Obst in allen Erscheinungsformen. Ideale Voraussetzungen für kleine und größere **Brennereien,** um aus Äpfeln, Birnen, Himbeeren, Kirschen, Pfirsichen, Mirabellen, Zwetschgen und Quitten noble Schnäpse zu brennen. Auch Topinambur - eine Pflanze, die zur selben Gattung wie die Sonnenblume gehört und mancherorts in Baden als Erdapfel bezeichnet wird - oder Blutwurz, ein Mitglied der Gattung der Rosengewächse, liefern den Stoff für feinste Digestifs. Selbst Schlehen oder Walnüsse gehören zum Rohstoff der Brennereien. Mancherorts - wie im Spinnerhof in Sasbachwalden, wo Rudolf Spinner zur Schnapsprobe in seine „Teufelsküch" lädt - kann man sich erklären lassen, wie aus reifem Obst edle Brände werden.

83 [af] **Brennerei Bilger,** Auf der Eck 13, Sinzheim, Tel. 07221 81529, www.brennerei-bilger.de, Mo./Mi./Fr. 14-19, Di./Do, 9-12, Sa. 9-19 Uhr. Spezialität ist der Schnaps aus Topinambur.

84 **Brennerei Sax,** Herrenpfädel 39, Baden-Baden, Tel. 07221 968004, www.brennerei-sax.de, Mo.-Fr. 17-21, Sa. 10-15 Uhr. Mit Hochprozentigem werden hier auch Pralinen gefüllt.

85 [af] **Edelbrände Rudolphi,** Fichtenweg 9, Sinzheim, Tel. 07221 83977, www.edelbraende-rudolphi.de, Mi.-Fr. 9-12 und 14-18, Sa. 9-13 Uhr. Neben Bränden und Likören gibt es auch feine Marmeladen.

86 **Edelobstbrennerei Blum GmbH,** Sasbachwaldener Straße 20, Obersasbach, Tel. 07841 21188, www.blum-edelobstbrennerei.de, Mo.-Fr. 8.30-17 Uhr. Im Angebot sind 17 verschiedene Brände.

87 **Spinnerhof Erlebnisbrennerei Sasbachwalden,** Am Schloßberg 8, Sasbachwalden, Tel. 07841 3609, www.spinnerhof.de, Ostern-Okt. Di.-So. 11-21 Uhr, Nov.-Ostern Mi.-Fr. 17-21.30, Sa., So. 11.30-21.30 Uhr. Der Chef des Hotel-Restaurants brennt selbst und präsentiert seine Schätze gern den Gästen.

Wein und Sekt

Mit gut 15.000 Hektar Rebflächen ist Baden **Deutschlands drittgrößtes Weinbaugebiet.** Wegen seiner südlichen Lage gehört es wie das Elsass oder die Champagne zur Weinbauzone B der Europäischen Union. Zu den größten geschlossenen Anbaugebieten Badens gehört das **Rebland**, in dem schon im Mittelalter bekannte Weine reiften.

88 [bg] **Gut Nägelsförst,** Nägelsförst 1, Varnhalt, Tel. 07221 35550, www.naegelsfoerst.de, Mo.–Fr. 9–18, Sa. 10–16 Uhr. Vor der Yburg thronendes Weingut, das einst zum Hofgut der Abtei Lichtenthal gehörte. Auch Beerenauslesen, Eisweine und feinste Cremants werden hier gefertigt.

89 [ah] **Weingut Dütsch,** Sankt-Michael-Straße 39, Neuweier, Tel. 07223 959739, www.weingut-duetsch.de, Di./Do./Fr. 15–18, Sa. 10–13 Uhr. Weingut mit ca. 4 Hektar Fläche, das in den Traditionsweinlagen Mauerberg und Altenberg auf die selektive Lese der Trauben von Hand setzt.

076bb-gs

90 [ag] **Weingut Kopp,** Ebenunger Straße 21, Sinzheim-Ebenung, Tel. 07221 803601, www.weingut-kopp.com, Mo.–Fr. 14–18, Sa. 10–13 Uhr. Feine Rieslinge und Burgunder aus teilweise bis zu 65 Jahre alten Reben. Für den Pfiff sorgen sonnenverwöhnte Böden aus Löss, Ton, Karbon und rotem Porphyr.

91 [ah] **Weingut Schloss Neuweier,** Mauerbergstraße 21, Neuweier, Tel. 07223 96670, www.schloss-neuweier.de, Mo.–Fr. 9–12 und 13–18, Sa. 10–15 Uhr. Das renommierte Weingut im Stadtteil Neuweier – Mitglied des Verbands Deutscher Prädikatsweingüter – gehört zu den Erzeugern bester badischer Rieslinge. Die Allerbesten kommen aus der nur mit dieser Rebsorte bestockten Lage Mauerberg.

92 [ag] **Weingut Sven Nieger,** Gartenstr. 21, Varnhalt, Tel. 07223 2837795, www.sven-nieger.de, Mo.–Do. 15–18, Fr. 14–18, Sa. 11–17 Uhr. Junges Weingut mit hochwertigen Rieslingen aus Lagen wie Mauerberg, Klosterbergfelsen oder Umweger „Stich den Buben“. Sven Nieger nennt sich selbst „Garagenwinzer“ und kreierte einen eigenen Wein namens „Underdog“.

Märkte

Baden-Badens Wochenmärkte finden montags und donnerstags auf dem **Augustaplatz** 11 (7–13 Uhr), dienstags und freitags auf dem **Klosterplatz** in Lichtental (7–12 Uhr) und mittwochs und samstags auf dem **Bernhardusplatz** in der Weststadt (7–12 Uhr) statt.

Montags und donnerstags ist Wochenmarkt auf dem Augustaplatz 11

Bocksbeutel und Affentaler

Den Großteil der Weinberge in und um Baden-Baden pflegen die Mitglieder zweier ***Winzergenossenschaften:*** *die Baden-Badener Winzergenossenschaft, deren Wurzeln bis ins Jahr 1922 reichen, und die Affentaler Winzergenossenschaft, die 1937 von Rieslingwinzern in Eisental ins Leben gerufen wurde. Trauben von fast 400 Hektar Rebfläche werden hier jährlich zu Wein verarbeitet – Trauben der Sorten Riesling, Spätburgunder, Müller-Thurgau, Weißburgunder, Grauburgunder, Regent, Traminer, Rivaner und Chardonnay, die häufig auf tiefgründigen Löss- oder Lehmböden und leichten Sandböden wachsen.* ***Modernste Kellertechnik*** *erlaubt die Produktion von vielen Hunderttausend Litern Wein im Jahr. Zum Teil steuern Computer nicht nur die Traubenannahme, sondern auch die Temperaturen in den Tanks, in denen der Traubensaft gärt.*

Im ***Rebland*** *seit gut 200 Jahren zu Hause ist auch der sonst in Franken beheimatete* ***Bocksbeutel,*** *eine besondere Form der Weinflasche. Fränkische Weinbauern wollten vor Jahrzehnten den Badenern die Abfüllung im Bocksbeutel streitig machen, doch der Bundesgerichtshof stellte sich hinter die Rebland-Winzer und ihre Tradition, sodass das Bocksbeutelrecht für Baden-Baden dann sogar gesetzlich verbrieft wurde. Es gilt allerdings nur für hochwertige Rieslinge und Spätburgunder aus der Einzellage „Stich den Buben" und ist auf die Stadtteile Neuweier, Steinbach-Umweg und Varnhalt beschränkt.*

Dem Bocksbeutel ähnelt der sogenannte ***Buddel,*** *in den die Affentaler Winzergenossenschaft ihre hochwertigen Weine abfüllt. Er ist seit 1971 für die Erzeugergemeinschaft gesetzlich geschützt. Eine Spezialität sind auch die von dem* ***Abbild eines Affen*** *gezierten Flaschen. Die Idee, einen Affen auf einer Weinflasche anzubringen, entstand in den 1940er-Jahren, erinnert an den Namen der Bühler Ortsgemeinde Affental und hat seinen Ursprung im Mittelalter. Damals, so erzählt eine nette Legende, hätten Mönche des Klosters Lichtenthal hier Spätburgunder angebaut. Der aber durfte nur dort angebaut werden, wo das Ave-(Maria-)Glöcklein einer Kapelle zu hören war. Aus dem „Ave-Tal", wo die Glocke zu hören war, machte der Volksmund so schnell das „Affental".*

Der Affe hilft als Markenzeichen manchmal auch beim Export der Weine, von denen viele Hunderttausend Flaschen ins Ausland gehen.

- **93** ***Affentaler Winzergenossenschaft,*** *Betschgräblerplatz 1, Bühl-Eisental, Tel. 07223 98980, www.affentaler.de, Mo.–Fr. 8–18, Sa. 9–13, So. 10–14 Uhr (nur März–Dez.). Mittwochs um 15.30 Uhr lädt die Winzergenossenschaft zur Kellerführung. Einmal monatlich gibt es eine große Weinprobe.*
- **94** *[ah]* ***Baden-Badener Winzergenossenschaft,*** *Mauerbergstr. 32, Neuweier, Tel. 07223 96870, www.baden-badener-wg.de, Mo.–Fr. 9–18, Sa. 9–13, So. 10–13 Uhr (nur Ostern bis So. vor Weihnachten). Von April bis Mitte Dezember gibt es jeden Freitag um 14.30 Uhr eine Kellerführung mit kommentierter Weinprobe.*

Baden-Baden zum Träumen und Entspannen

Zum Träumen und Entspannen hat die Stadt schon immer eingeladen. Vor allem im 19. Jahrhundert war neben den Thermen auch das viele Grün Grund zum Kuren an der Oos, wo Wiesen und noch mehr Wälder lockten, natürliche Landschaften, die schöne und gemütliche Spazierwege mit der Zeit immer mehr erschlossen. Daran hat sich bis heute wenig geändert. So bestehen fast zwei Drittel der Stadtfläche noch immer aus **Wald**, genaugenommen 85,26 Quadratkilometer. Ein Pfund, mit dem Baden-Baden richtig wuchern kann! Hinzu kommen die das ganze Jahr gepflegten **Kuranlagen** und die **Lichtentaler Allee** 5, die mehr einem Park als einer Straße gleicht. Und natürlich hat auch die Kernstadt ihre kleinen und großen Refugien zum Abschalten.

046bb-gs

Eines der schönsten ist die **Terrasse vor dem Neuen Schloss** 20, wo einem die Stadt buchstäblich zu Füßen liegt, ein anderes der weite **Hof des Klosters Lichtenthal** 10, wo die Zeit stehengeblieben zu sein scheint. Blumenfreunde lockt der **Rosenneuheitengarten** 22 in der Moltkestraße, wo Bänke zum Verweilen laden – und die **Gönneranlage** bzw. der **Dahliengarten** an der Lichtentaler Allee 5. In Letzterem blühen im Spätsommer Hunderte von Blumen: von kleinblütigen Ball- bis zu großblütigen Kaktusdahlien – mehr als 50 verschiedene Dahliensorten, deren Farbenvielfalt die Gärtner zu immer neuen Kompositionen nutzen.

Mediterranes Flair verströmt der **Florentinerberg** zu Füßen des Neuen Schlosses. Nicht weniger attraktiv ist die Parkanlage **Am Michaelsberg** auf der anderen Seite der Oos, ein über zwei Jahrhunderte gewachsener Landschaftspark, in dem nicht nur Kurgäste bis heute gern flanieren. So führt von der Trinkhalle 2 ein steiler Fußweg entlang einer Wasserkaskade zum **Solmsee**, dem einst als Wasserreservoir erbauten ältesten künstlichen See Baden-Badens. Enten sind hier heimisch, die sich in der grünen Landschaft sichtlich wohlfühlen. Im angrenzenden Park findet man Liegestühle, die zum süßen Nichtstun einladen, zum südländischen *dolce far niente*. Nicht weit ist es von hier zur **Stourdza-Kapelle** 23, von der sich wunderschöne Blicke auf die Stadt bieten.

Im Spätsommer blühen im Dahliengarten in der Lichtentaler Allee 5 mehr als fünfzig verschiedene Sorten

Zur richtigen Zeit am richtigen Ort

Abgesehen vom New Pop Festival im September, das jährlich bis zu 25.000 junge Gäste in die Stadt bringt, ist der jährliche Veranstaltungsreigen in Baden-Baden eher auf ältere – oder besser gesagt: sich jung fühlende Gäste – zugeschnitten. Dazu gehören Oldtimer-Treffen, philharmonische Konzerte, festliche Bälle, die Welttanz-Gala und gesellschaftliche Großveranstaltungen wie die Verleihung des Titels „Sportler des Jahres". Auch die Oster- und Pfingstfestspiele im Festspielhaus setzen Jahr für Jahr neue Programmakzente. Zu den gesellschaftlichen Höhepunkten gehören die großen Rennen auf der Galopprennbahn Iffezheim 29. Volksnah geht es auf den Winzerfesten und dem Weihnachtsmarkt zu, der in Baden-Baden Christkindelsmarkt heißt.

- **Osterfestspiele im Festspielhaus:** große Oper und Kammerkonzerte, symphonische Abende und Violinkonzerte, Klaviermatineen und vieles mehr (März/April, www.festspielhaus.de).
- **Mr. M's Jazz Club:** Seit 2008 musizieren bekannte Jazzmusiker wie Till Brönner oder Curtis Stigers einmal jährlich ein verlängertes Wochenende lang in Baden-Baden (Mitte März, www.misterms.de).
- **Frühjahrsmeeting Iffezheim:** traditioneller Auftakt der Rennsaison auf der traditionsreichen Galopprennbahn (Mai/Juni, www.baden-racing.com)
- **Mittelalterliche Winzertage Steinbach:** In mittelalterlichen Gassen und Winkeln feiert die Reblandgemeinde ihre Weine (Juni, www.winzertage-steinbach.de).
- **Internationales Oldtimer-Meeting:** Ein Eldorado für alle Freunde und Fans klassischer Automobile, vom kleinen Messerschmidt bis zum großen Mercedes oder Bugatti. Traditioneller Treffpunkt ist der Kurpark (Juli, www.oldtimer-meeting.de).
- **Philharmonische Schlosskonzerte Neuweier:** Im Ortsteil Neuweier bietet ein kleines Schlösschen den Rahmen für wenige Sommerkonzerte, bei schlechtem Wetter konzertiert man ersatzweise in der Dorfkiche (Juli, www.philharmonie.baden-baden.de).
- **Sommerfestspiele Baden-Baden:** klassische Konzerte und Oper im Festspielhaus (Juli, www.festspielhaus.de)
- **Große Rennwoche Iffezheim:** Die Vorzeigeveranstaltung des deutschen Galopp-

047bb-gs

Bunte Kaskaden am nächtlichen Himmel krönen manches Fest in Baden-Baden

rennsports lockt jährlich Tausende von Besuchern. Höhepunkte sind die Grand-Prix-Rennen am ersten Septemberwochenende, deren gesellschaftlicher Höhepunkt der Grand Prix Ball im Kurhaus ist (Aug./Sept., www.baden-racing.com).

- **Theaterfest:** Mit einem Hoffest startet das Theater in die neue Saison. Es gibt Szenen aus neuen Inszenierungen, Kinderschminken und Führungen durch das Theater (Sept., www.theater-baden-baden.de)
- **New Pop Festival:** Soul, Pop und mehr bietet der Südwestrundfunk traditionell Mitte September. Vor allem Newcomer sind beim New Pop Festival gefragt (Sept., www.swr3.de).
- **Brahmstage:** Dem musikalischen Geist von Johannes Brahms ist dieses kleine Festival gewidmet, das die Brahmsgesellschaft Baden-Baden seit mehr als einem Vierteljahrhundert veranstaltet (alle zwei Jahre im Herbst, das nächste Mal turnusmäßig 2021, www.brahms-baden-baden.de).
- **Sales & Racing Festival Iffezheim:** traditioneller Abschluss der Rennsaison auf der Galopprennbahn mit einem hochdotierten Rennen (Okt., www.baden-racing.com)
- **Welttanz-Gala:** jährliches Treffen der Tanzelite im Kurhaus (Nov., www.badenbadenevents.de)
- **Fernsehfilmfestival Baden-Baden:** traditionelles Filmfestival im Kurhaus (Nov., www.fernsehfilmfestival.de)
- **Auszeichnung „Sportler des Jahres“:** Das Kurhaus ist glanzvoller Rahmen der Verleihung der Siegertitel für die besten deutschen Einzelsportler und Mannschaften (Dez., www.sportler-des-jahres.de).
- **Christkindelsmarkt:** Budenzauber im Kurgarten und rund ums Kurhaus mit großem, weihnachtlichem Unterhaltungsprogramm (Nov.-Dez., www.baden-baden.com).

Iffezheimer Rennwochen

Wenn die Hauptstraßen für parkende Fahrzeuge gesperrt werden, ist in Iffezheim (29) Rennwoche. Die Pkws der Marken Maserati, Porsche, Mercedes oder Jaguar parken dann fast direkt neben den Renntribünen, wo für die zahlungskräftige Kundschaft Plätze reserviert sind. In kleinen Zeltläden werden Hüte für die Damen verkauft, aber auch Whirlpools mit Sekthaltern, ein paar Hundert Euro teure Maniküresets oder edle Uhren. Iffezheim war schon immer etwas Besonderes!

Dreimal jährlich sind die Freunde des Galopprennsports inzwischen geladen. Fünfstellige Summen werden dann manchmal an die Wetter ausgeschüttet, die vor jedem Rennen an den Schaltern der Wettbüros auf Sieg setzen können. Zuvor werden die Pferde in einem kleinen Parcours präsentiert, damit sich jeder ein Bild machen kann, wie Pferd und Reiter miteinander harmonieren. Meist sind es nur ein paar Sekunden, die über Sieg und Niederlage entscheiden, kleine Momente, die nach jedem Rennen den Massen vor den großen Videowänden noch einmal Diskussionsstoff liefern – der aufgehübschten Putzfrau wie dem alerten Banker. Sein und Schein finden in Iffezheim so zusammen, eine illustre Melange aus Individuen, die sich selbst gern sehen, vor allem aber auch Gesehen werden wollen. Die Rennen sind da oft nur Nebensache!

048bb-gs

Baden-Baden – ein Porträt

Für manch jungen Betrachter, zumal auf die mit kleinem Geldbeutel, scheint Baden-Baden auf den ersten Blick aus der Zeit gefallen zu sein. Doch die Eleganz, welche die Kurmetropole zwischen den Westhängen des Schwarzwalds und der Rheinebene bis heute ausstrahlt, ist eigentlich zeitlos. Wilhelminische Prachtbauten paaren sich entlang der Oos – dem kleinen Flüsschen, das von den Schwarzwaldhöhen zum Rhein strebt – mit gepflegten Kuranlagen, moderne Museumsbauten mit den Resten römischer Badekultur. Mittelalterliche Kirchen und Klosteranlagen gehören ebenso zur Stadt wie gefällige Fußgängerzonen, in denen Jung und Alt zu Hause sind. Jahrhundertealte Traditionslokale mischen sich mit stylischen Hotspots, in denen der Geldadel seine Abende verbringt. Verglichen mit der Größe der Stadt sind in Baden-Baden die meisten deutschen Millionäre zu Hause, gut 15 unter jeweils 10.000 Einwohnern. Stadtbildbestimmend sind die Best Ager, deren Anteil an der Bevölkerung weiter wachsen wird – sagen zumindest die Demografen voraus.

Herren- und Damenausstatter von Rang neben altgedienten Juwelieren, plüschige Cafés, die scheinbar zeitlos sind, höfischer Prunk und Glanz in Spielbank und Kurhaus, in der Tiefgarage Mercedes neben Maserati, Edelboutiquen und Kurparkbummler mit kleinen Hündchen, deren Schleifchen auf dem Kopf Tag für Tag mit Hingabe gebunden werden: Baden-Baden ist die Bühne einer Welt, wie man sie in Europa nur noch selten findet. Kein Wunder, dass die Stadt und ihre Umgebung die **Kulisse für manche populäre Fernsehserie** lieferte. Dieter Pfaff arbeitete hier gern als Psychotherapeut in der Serie „Bloch". Im Vorort Oberbeuren Gaisbach war „Der Forellenhof" zu Hause, die Kult-Fernsehserie aus den 1960er-Jahren, und als Tatort-Ermittler machten Heinz Schimmelpfennig und Karin Anselm die Stadt bei Millionen Deutschen bekannt.

140,2 km² ist das **Stadtgebiet** Baden-Badens groß, das in der Ebene nur gut 100 Meter über dem Meeresspiegel liegt, mit über 1000 Metern auf der Badener Höhe aber fast schon alpin wirkt. Wenn in einem Teil der Stadt noch tiefster Winter herrscht, grüßen im anderen schon die Boten des Frühlings. Gerade diese Gegensätze machen den Reiz der Kurstadt aus.

Seit 1939 ist Baden-Baden **kreisfreie Stadt.** Nach fünf Eingemeindungen in der ersten Hälfte des 20. Jahrhunderts – Lichtental und Beuern 1909, Oos und Oosscheuern 1928, Balg 1939 – kamen 1972 die sogenannten Rebland-Gemeinden Neuweier, Steinbach und Varnhalt samt Ebersteinburg zur Stadt hinzu. 1974 wurde Haueneberstein eingegliedert, 1975 schließlich Sandweier. Heute gliedert sich Baden-Baden in die **Stadtteile** Oos, Balg, Weststadt, Innenstadt, Lichtental mit Oberbeuern und Geroldsau, Ebersteinburg, Steinbach, Neuweier, Varnhalt, Haueneberstein und Sandweier. Touristisch aber sind nicht alle von Bedeutung.

Baden-Oos ist der größte Stadtteil. In ihm wurde schon zu Zeiten der Römer gesiedelt. 1844 wurde hier eine

◁ Vorseite: Brunnenfigur in der Gönneranlage (Lichtentaler Allee ❺)

erste Bahnstation eingerichtet, von der man die Gäste mit Pferdebussen weiterkarrte. Ein Jahr später baute man eine Stichbahn nach Baden-Baden, die bis 1977 in Betrieb war. Die alte Station „Baden-Oos" war von da an der neue Bahnhof Baden-Baden. In Oos war einst auch das französische Militär stationiert, dessen Areal inzwischen **Medienschaffende** ebenso nutzen wie **IT-Dienstleister** und **Fachärzte.**

Für eine gute Küche und noch bessere Weine ist das **Rebland** bekannt, zu dem Neuweier, Steinbach und Varnhalt gehören. Die von den drei Gemeinden bebaute Rebfläche gehört mit 325 Hektar zu den größten geschlossenen Weinanbaugebieten Deutschlands – eine ideale **Wanderregion** nicht nur im Herbst. Bestens wandern lässt sich auch rund um Ebersteinburg oder Geroldsau, das mit romantischen Wasserfällen und schönen Landgasthöfen lockt. Närrische Hochburg der Stadt ist Haueneberstein, das sich seiner traditionellen Straßenfastnacht rühmt.

Baden-Badens Stadtkern: Vor der Stiftskirche **19** *befindet sich das Friedrichsbad* **16**

KURZ & KNAPP

Baden-Baden in Zahlen

- **Einwohner:** 56.000
- **Fläche:** 140,2 km²
- **Höhe ü. M.:** 112–1003 Meter
- **Kfz-Kennzeichen:** BAD
- **Das Stadtwappen:** Ein breiter roter Streifen, schräg rechts auf einem goldenen (gelben) Schild liegend, ist das Wappen Baden-Badens. Es erinnert an das Stammwappen des Hauses Baden. Zur Unterscheidung vom Landeswappen wurde das Stadtwappen mit einer dreizackigen Mauer versehen.

Von den Anfängen bis zur Gegenwart

Es waren die Römer, die Baden-Badens Vorzüge mit als Erste entdeckten und seine heißen Quellen zu schätzen lernten. Zwar belegen Funde, dass schon zur Stein- und Bronzezeit Menschen im Tal der Oos siedelten und sich auch die Kelten hier wohlfühlten, aber erst römische Legionäre machten aus dem Flecken am Westhang des Schwarzwalds einen Badeort: die **römische Siedlung Aquae.** In der zweiten Hälfte des ersten Jahrhunderts unserer Zeitrechnung gründeten sie in der heutigen Altstadt eine erste Siedlung mit mehreren Bädern, deren Reste am Fuß des Florentinerbergs noch heute zu sehen sind.

Nach den Römern kamen die **Alamannen**, die nach dem Fall des römischen Grenzwalls Limes das Leben in der Region bestimmten. Nach ihnen gaben die **Franken** den Ton an. Nennenswerte Spuren hinterließen weder die einen noch die anderen. **Der Merowingerkönig Dagobert III.**, Rechtsnachfolger der römischen Kaiser, vermachte die römischen Badeanlagen anno 712 schließlich dem Abt des Klosters St. Peter im elsässischen Weißenburg. Aus der ehemaligen Römersiedlung wurde so der „loco Badon im Ufgowue". Seine ersten Regenten entstammten dem Geschlecht der Zähringer, die um 1100 das Alte Schloss errichteten: die **Burg Hohenbaden**, die zum Namensgeber einer ganzen Region im deutschen Südwesten werden sollte.

Ab dem späten achten Jahrhundert gehörte Baden zum Bistum Speyer und damit zur Mainzer Kirchenprovinz, die von Verden an der Aller bis ins heute Schweizer Chur reichte. Spätestens mit dem Bau des **Neuen Schlosses** war Baden zum politi-

Freizeitvergnügen in Iffezheim (29): *Schon ab Mitte des 19. Jh. amüsierte man sich beim Pferderennen.*

schen Zentrum des Landes geworden, von dem aus die Markgrafen regierten und die Badelandschaft neu beseelten. Schon im 15. Jahrhundert waren so ein Dutzend Badehäuser in Betrieb, die jährlich rund 3000 Badegäste zählten. Reformation und 30-jähriger Krieg stoppten aber den weiteren Aufschwung.

1535 wurde die Markgrafschaft in eine badische Linie, die **katholisch** war, und eine Linie Baden-Durlach, die dem **Protestantismus** angehörte, geteilt. Immer wieder wechselte so die Herrschaft und damit die Religion im Land. Die Schattenseiten waren Hexenverfolgungen, in deren Rahmen mindestens 100 Menschen in und um Baden-Baden zu Tode gekommen sein sollen. 1632 besetzten **schwedische Soldaten** die Stadt, 1689 legten sie **französische Truppen** im Rahmen des **Pfälzischen Erbfolgekriegs** in Schutt und Asche, sodass die Markgrafen ihren Amtssitz nach Rastatt und später nach Karlsruhe verlegten. Der Badebetrieb spielte jetzt keine Rolle mehr. Baden-Baden wurde nicht nur politisch bedeutungslos.

Erst Mitte des 18. Jahrhunderts brachte die **Konzessionierung des Glücksspiels** neue Impulse und Entwicklungsmöglichkeiten. Die das Stadtbild einst prägenden Gebäude wie Kapuzinerkloster, Jesuitenkolleg, Stiftskirche und das Kloster vom Heiligen Grab wurden wieder hergerichtet, ein sogenanntes Promenadenhaus errichtet und damit der Grundstein für das heutige Kurviertel gelegt. Immer neue Hotels entstanden, Kurhaus und Spielbank, in denen sich die bessere Gesellschaft amüsierte. Als „Belle Époque“ ging die Ära schließlich in Baden-Badens Geschichte ein.

Das im Mai 1811 gegründete „Badwochenblatt für die Großherzogliche Stadt Baden im Murgkreis“, aus dem das heutige Badische Tagblatt hervorging, wurde zum Sprachrohr der vornehmen Gesellschaft. Hier war zu lesen, wer gerade in Baden-Baden kurte – von der englischen Königin Victoria bis zum späteren deutschen Kaiserpaar Wilhelm und Augusta von Preußen, das sich seit 1850 regelmäßig im Tal der Oos aufhielt. Und auch weltbekannte Künstler kamen, Schriftsteller wie der amerikanische Romanautor Mark Twain, Maler wie der französische Impressionist Eugène Delacroix oder der deutsche Romantiker Anselm Feuerbach und Musiker wie der italienische Stargeiger Niccolò Paganini oder die Pianisten Johannes Brahms und Franz Liszt.

Motor des Kur- und Casinobetriebs war die **Familie Bénazet**, die zusammen mit der Stadt viel Geld in den Ausbau der Infrastruktur steckte.

Von Badon bis Baden-Baden

*Schon im Mittelalter wurde die Stadt meist **Badon** (Baden) genannt. Um sie von anderen Kommunen gleichen Namens wie Baden in der Schweiz oder Baden bei Wien zu unterscheiden, etikettierte man sie als **Baden in Baden**, aus dem schließlich **Baden-Baden** wurde. Offiziell eingeführt wurde der Doppelname aber erst 1931. Bill Clinton soll einmal gereimt haben: „Baden-Baden is so nice that you have to name it twice.“ Das mittelalterliche Badon war übrigens auch Namenspate der Markgrafschaft und des späteren Großherzogtums Baden – und damit Namensgeber des Landes Baden.*

Glücksspiele und exklusive Sportarten wie Tennis und Golf sorgten für Amüsement. Ein anderes **Freizeitvergnügen** waren die Pferderennen auf der neuen Rennbahn in Iffezheim, die mit Einnahmen aus der Spielbank finanziert wurden. Besuche von Kaiser und Königen stützten den Ruf der Stadt als **sommerliche Urlaubsadresse,** die ab 1844/1845 an das europäische Eisenbahnnetz angeschlossen war. Baden-Baden, so schrieb die Leipziger Illustrierte 1857, war „zum Asyl des glücklicheren Teils der Menschheit" geworden.

050bb-gs

Das neue **Kurzentrum** an der Oos war jetzt der Mittelpunkt des gesellschaftlichen Lebens, nicht mehr die Altstadt mit ihren Kirchen- und Klosterbauten. Auch die Bevölkerung veränderte sich langsam. War sie Anfang des 19. Jahrhunderts noch von einem Katholikenanteil von fast einhundert Prozent geprägt, sank der innerhalb eines guten Jahrhunderts auf 69 Prozent. Im Lauf der Zeit entstanden evangelische, anglikanische, orthodoxe und jüdische Gotteshäuser. Baden-Baden wurde zum Schmelztiegel der High Society.

Der **Deutsch-Französische Krieg** 1870/1871 vergraulte viele internationale Besucher – allen voran die Franzosen, die damals den Großteil der auswärtigen Gäste stellten. Als im neuen **Deutschen Reich** kurz darauf auch noch das **Glücksspiel verboten** wurde, verlor Baden-Baden seine Attraktion als Party-Ort der gut betuchten Spaßgesellschaft. Es blieben die **Heilquellen**, die man großzügig ausbaute. 1877 eröffnete mit dem Friedrichsbad das damals modernste Bad Europas. Statt ausländischer Besucher kamen jetzt vor allem deutsche, was auch an den Preisen lag, mit denen sich die badische Kurstadt um die Jahrhundertwende gegenüber anderen Heilbädern zu profilieren suchte. Jetzt war auch für Angestellte und Arbeiter Platz zum Kuren an der Oos. In der folgenden Weltwirtschaftskrise aber rächte sich die ganz auf den Fremdenverkehr ausgerichtete Monostruktur. Zwar öffnete 1933 die Spielbank wieder ihre Pforten, von den einstigen Glanzzeiten

Markgraf Ludwig Wilhelm verschaffte mit den Schlossbauten in Rastatt 31 *der Region neuen höfischen Glanz*

aber war man weit entfernt und auch im **Zweiten Weltkrieg** wurden statt Urlaubern in vielen Hotels Verwundete untergebracht.

1945 wurde die im Krieg kaum zerstörte Stadt **Hauptquartier der französischen Streitkräfte** in Deutschland und damit Sitz der französischen Militärregierung. In den Gästezimmern des Hotels Kaiserin Elisabeth startete 1946 der erste Radiosender in der französisch besetzten Zone seinen Sendebetrieb. Heute ist der **Südwestrundfunk** eine der größten deutschen Sendeanstalten und mit vielen Hundert Mitarbeitern noch immer in Baden-Baden zu Hause. Die Stadt längst verlassen haben dagegen die französischen Soldaten, aus deren Kasernen seit 1999 das Stadtviertel **Cité** erwachsen ist. Nachdem in der Altstadt großzügige Fußgängerzonen eingerichtet wurden und der Durchgangsverkehr in großen Tunnels verschwunden ist, gehört auch der **Fremdenverkehr** längst wieder zu den wirtschaftlichen Säulen der Stadt. Auf mehr als eine halbe Milliarde Euro schätzt man den Umsatz, der in guten Jahren in Baden-Baden touristisch erwirtschaftet wird.

ORIGINALTON

Monatskosten 200–250 Mark

„Baden steht im Ruf eines teuern Bades, und das ist es auch für denjenigen, der Wohnung und Kost in den ersten Gasthöfen nimmt, Zerstreuungen aller Art benutzt, häufig fährt usw. Wer aber mit seinen Mitteln haushalten muß und Lokalkenntnisse erwirbt, der kann in Baden bei den mancherlei Bequemlichkeiten und Annehmlichkeiten des Platzes wohlfeiler leben, als in den meist größern, selbst mittlern Bädern Deutschlands. Der einzelne Badegast aus den gebildeten Mittelständen kann einen einmonatlichen Badeaufenthalt wohl mit 200–250 Mark bestreiten, und dennoch sich ganz in der Badewelt bewegen [...]“

Baedeckers „Rheinlande“, 1895

Stadtgeschichte in Zahlen

um 75 Römische Besiedlung und erste Erschließung der heißen Quellen
um 260 Alamannen beenden die Römerherrschaft.
um 500 Franken übernehmen das Regiment.
um 700 Errichtung einer „Königspfalz“
987 Erste urkundliche Erwähnung einer Kirche
um 1100 Baubeginn der Burg Hohenbaden (Altes Schloss)
1245 Stiftung des Klosters Lichtenthal
1473 Kaiser Friedrich III. kommt zur Kur.
1507 Erste Erwähnung einer Kurtaxe
1574 Ausbau des Neuen Schlosses
1689 Französische Truppen zerstören die Stadt.
1706 Markgraf Ludwig Wilhelm verlegt seine Residenz nach Rastatt.
1806 Baden wird Großherzogtum.
1815 Stadterweiterung durch Niederlegung der Stadttore
1881 Der erste deutsche Tennisklub eröffnet in Baden-Baden.
1910 Start der ersten Straßenbahnlinie
1913 Eröffnung der Merkur-Bergbahn
1938 Zerstörung der Synagoge
1946 Gründung des Südwestfunks
1989 Eröffnung des Michaelstunnels
1999 Abzug der französischen Armee
2007 Baden-Baden feiert 500 Jahre Stadtrecht.
2009 NATO-Gipfel in Baden-Baden
2012 Städtepartnerschaft mit Sotschi
2020 Das Deutsche Wanderinstitut kürt den Panoramaweg Baden-Baden zum schönsten deutschen Weitwanderweg.

051bb-gs

Leben in der Stadt

Längst vorbei sind die Zeiten, als in Baden-Baden große Politik gemacht wurde. Mit der Aufgabe der markgräflichen Residenz Ende des 17. Jahrhunderts verlor die Stadt an der Oos ihre politische Bedeutung. Heute ist Baden-Baden so nur noch eine von vielen baden-württembergischen Städten – eine freilich, die anders ist als die meisten anderen.

Das liegt vor allem an ihren **Bewohnern.** Mit knapp 50 Jahren im Durchschnitt ist Baden-Baden, statistisch betrachtet, eine Stadt der Älteren. „An der Autobahnabfahrt Baden-Baden", spottete der Entertainer Harald Schmidt einmal, „endet der Jugendwahn". Ein Satz mit wahrem Kern, denn im Laufe dieses Jahrzehnts, so haben Statistiker hochgerechnet, werden die über 65-Jährigen ein Drittel der Bevölkerung Baden-Badens ausmachen. Kleiner dagegen, prophezeien die Demografen, könnte der Unterschied in der Verteilung von Männern und Frauen in der Bevölkerung werden. Noch sind die Damen in Baden-Baden in der Überzahl. So kamen 2020 auf 26.871 Männer 29.059 Frauen.

Mit über 20 Prozent ist der Anteil der Einwohner mit **Migrationshintergrund** in den letzten Jahren deutlich gestiegen. Die größte Gruppe bilden mittlerweile die Russen, gefolgt von Rumänen, Italienern, Kroaten, Türken und Polen. Insgesamt sind inzwischen Menschen aus 137 Nationen in Baden-Baden zu Hause. Gewandelt hat sich auch die Verteilung der **Konfessionen** der Einwohner. Waren um 1800 noch praktisch alle Einwohner katholisch, ist ihr Anteil inzwischen

Treffpunkt und Wahrzeichen der Stadt ist das Kurhaus ❸

auf ein gutes Drittel geschrumpft. Rund 16 Prozent sind Protestanten, der Rest Muslime, Juden, Hindus, Altkatholiken und Anglikaner – und immer mehr Konfessionslose. Vorbei ist auch die Zeit der großen Familien: In der Stadt dominieren heute die 1-Kind-Haushalte.

Die gut 42.000 Beschäftigten, davon viele Pendler, sind vorwiegend in der **Dienstleistungsbranche** wie den vielen Kliniken, im Südwestrundfunk oder in der Gastronomie tätig. Motor dieser Entwicklung ist auch der Tourismus. Der allerdings ist noch immer ein Saisongeschäft, das im Winter – obwohl die nahen Schwarzwaldhöhen Wintersportlern einiges bieten – keine große Rolle spielt. Deshalb ist die Stadt bemüht, mit Veranstaltungen wie der Wahl zum Sportler des Jahres im Dezember oder anderen kulturellen Ereignissen den Tourismus in der kalten Jahreszeit anzukurbeln.

Die Menschen in und um Baden-Baden sind stolz auf ihre Herkunft. Schließlich waren sie es, die der Region Baden ihren Namen gaben. Als **Badner** oder **Badener** bezeichnen sie sich deshalb gern. Ein „Markenname", mit dem sie sich vor allem gegenüber den Schwaben abgrenzen, den Württembergern, die im Osten des Bundeslandes Baden-Württemberg zu Hause sind. Am stärkten manifestiert sich dieses Selbstbewusstsein im **Badnerlied**, das früher auf der Rennbahn in Iffezheim vor jedem großen Galopprennen gesungen wurde und heute noch gerne mit neuen Varianten in badischen Bundesligastadien erklingt („In Karlsruh' spielt der KSC, in Freiburg der SC. In Stuttgart gurkt der VfB! Oh weh, oh weh, oh weh!"). Dabei wurde die inoffizielle Landeshymne, nach deren Text es in Deutschland kein schöneres Land gibt als das Badner, in Sachsen erfunden. Dank seiner eingängigen Melodie jedenfalls, die honore Frackgesellschaften ebenso beseelt wie ausgelassene Massenchöre in den Fußballstadien, schweißt es seit Mitte des 19. Jahrhunderts die Menschen im deutschen Südwesten zusammen, die ihm immer wieder neue Strophen hinzufügen.

Ursprünglich war das Lied vor allem ein politisches Bekenntnis. Allerdings muss man dazusagen, dass sich die Menschen in Baden-Baden nie so stark mit den Idealen der badischen Freiheitskämpfer identifizierten wie etwa die radikalen Republikaner im benachbarten Rastatt. Noch heute klingt „Revolution" im Tal der Oos eher nach einem Fremdwort.

Ungern lassen sich die Menschen in Baden als „Baden**s**er" – die Betonung liegt auf der zweiten Silbe – titulieren. Das klingt für die Einheimischen wie ein Schimpfwort –, auch wenn es Bildungsbürger und Literaten wie Goethe in seiner Autobiographie „Dichtung und Wahrheit" gern gebrauchten. Sie leiteten den Begriff – unsinnig und sprachlich falsch, aber im frühen 19. Jahrhundert sehr

ORIGINALTON

Das Badnerlied

Das schönste Land in
Deutschlands Gau'n
das ist mein Badner Land.
Es ist so herrlich anzuschaun
und ruht in Gottes Hand.

Refrain:
D'rum grüß ich dich mein Badnerland
du edle Perl' im deutschen Land,
deutschen Land.
Frisch auf, frisch auf; frisch auf, frisch auf;
frisch auf, frisch auf mein Badnerland.

modisch – von der einstigen lateinischen Urkundensprache ab und fügten bildungsbeflissen ein „s" ein. Nach Auflösung des Großherzogtums Baden wurde der Begriff immer häufiger als geringschätzend gewertet, sodass sich die Einheimischen dagegen wehrten. Männer wie den Romanautor Karl May oder den Gesellschaftstheoretiker Friedrich Engels hinderte dies aber nicht, die Badener weiter Badenser zu nennen. Selbst die Dudenredaktion, der Hüter deutscher Sprache, strich den Begriff bis heute nicht aus ihrem Standardwerk. Wer sich weder für die eine noch die andere Bezeichnung entscheiden will, sei deshalb auf das mundartliche „Bademer" hingewiesen.

Apropos **Mundart:** Einen badischen Dialekt gibt es nicht, auch wenn die rund um Baden-Baden gesprochene Mundart oft gern als badischer Dialekt bezeichnet wird. Was die Einheimischen im Tal der Oos als Mundart sprechen, ist eine Variante aus südfränkisch und alemannisch. „Die Sonne scheint schon" heißt in Baden-Baden deshalb: „D' Sun schingt schu".

Kur- und Badestadt

„Baden-Baden ist eine geistlose Stadt, voll von Schein und Schwindel und mickerigem Betrug und Aufgeblasenheit", schrieb der amerikanische Schriftsteller Mark Twain 1880 nach seinem Besuch in Baden-Baden, „aber die Bäder sind gut". Vor allem das Friedrichsbad hatte es dem Bestsellerautor auf seiner Europareise angetan. Seine Lobeshymnen auf die Thermen teilen noch heute viele Zeitgenossen, die zum Kuren regelmäßig an die Oos reisen.

Seit Jahrtausenden drängen in Baden-Baden Tag für Tag **rund 800.000 Liter heißes Wasser** aus der Erde – vor allem unterhalb des Neuen Schlosses am Florentinerberg, wo sich die bekanntesten Quellen der Stadt finden. Geruch- und farblos und meist leicht salzig schmeckend kommt das Wasser aus der Erde, es enthält rund 2400 kg **Mineralien** – Natrium, Chlorid, Fluorid, Lithium, Calcium, Kieselsäure und Bor – und Stoffe, die Gicht, rheumatische Gelenkerkrankungen und Katharrhe

053bb-gs

der oberen Luftwege heilen oder zumindest lindern sollen und die Ärzte bei Herz- oder Kreislaufbeschwerden, Stoffwechselstörungen oder Atemwegserkrankungen zum Wohlsein verschreiben.

Unterhalb des Friedrichsbads gewähren die Reste römischer Bäder 15 heute einen Einblick in die **Anfänge der Badekultur.** Sie sind sichtbarer Beweis, dass schon kurz nach Christi Geburt große Thermen am Fuß des Schwarzwalds zum Entspannen einluden. Römische Soldaten aus dem benachbarten Kastell Straßburg tankten hier nach anstrengenden Diensten gern auf. Sogar Kaiser, wollen manche wissen, hätten hier ihre Gicht kuriert.

Nach dem Abzug der Römer vom Rhein nutzten ihre Nachfolger die heißen Quellen, um Wäsche zu waschen oder geschlachtete Schweine und Hühner abzubrühen. Auch gebadet wurde noch immer gern, wie urkundliche Erwähnungen aus den Jahren 712 und 856 belegen. Danach aber gab es fast ein halbes Jahrtausend vom Badebetrieb keine Nachrichten mehr. Erst im **14. Jahrhundert** wurde das heiße Wasser wieder Thema und Baden-Baden machte als Kurstadt langsam von sich reden. 1393 öffnete das Badehaus Zum Engel seine Pforten, dem rund ein Dutzend weiterer Badehäuser zu Füßen des Florentinerbergs folgen sollten.

1418 kam **König Sigismund** zur Kur in die Stadt, 1473 und 1485 **Kaiser Friedrich III.** Auch Straßburgs bekannter Münsterprediger **Johann Geiler von Kaysersberg** war gern in Baden-Baden zu Gast. 1498 schrieb Sebastian Brant, der in Baden-Baden erzogene Autor des Bestsellers „Das Narrenschiff“: „Und säng ich Badens Lob in tausend Weisen und schlüg dazu mein volles Seitenspil, nie könnt ich genug, wie du es verdienst dich preisen“.

Nach der Römerzeit erlebte Baden-Baden jetzt eine **neue Blüte seiner Kuren.** Per Kutsche reiste der Gast gewöhnlich an, um in den Badehäusern Quartier zu nehmen, die in der Regel nur einen Schlafplatz und einen großen Zuber zum Baden zur Verfügung stellten. Manche brachten sogar ihr eigenes Bett mit zur Kur.

1507 führte Baden-Baden erstmals eine **Kurtaxe** ein, deren Ertrag zu drei Vierteln an den Markgrafen ging, der Rest an die Stadt. Bücher verwiesen auf die entspannende Wirkung der Bäder. „Die heißen Wasser von Badin aber sind vollkommener als alles andere“, schrieb der berühmte Arzt Paracelsus 1526. Schon im 16. Jahrhundert zählte Baden-Baden so bis zu 3000 Kurgäste jährlich, vor allem auch Frauen, die sich von den Wannebädern, die sie nicht selten mit Männern teilten, reichen Kindersegen erhofften.

Bis zu sechs Wochen dauerten die Kuren damals. Zum Teil belasteten sie den Kreislauf bis zur Bewusstlosigkeit, weshalb die Ärzte immer wieder Spaziergänge zur Entspannung empfahlen. Neben den privat geführten Badehäusern gab es auch öffentliche Bäder, in denen zum Unmut vieler Kurgäste vor allem die Einheimischen „gleichsamb wie die frösch“ nackt umherschwammen.

Die katholischen Markgrafen Badens, die vom Kurbetrieb am meisten profitierten, setzten deshalb neue Prioritäten. Die **Festigung des katholischen Glaubens** war ihnen zu Zei-

◁ *Brahms-Büste im Dahliengarten in der Lichtentaler Allee* 5

052bb-gs

ten der Gegenreformation schließlich wichtiger als der freizügige Badebetrieb. So stellten sie für den Bau neuer Kirchen und Klöster Gelände zur Verfügung, das bis dahin dem Kurbetrieb diente. Mit dem Neubau zweier Klöster auf den Grundmauern alter Bäder war die zweite Blütezeit der Kurstadt Baden-Baden beendet. Die Zahl der Kurgäste schrumpfte auf ein paar Hundert jährlich.

Mit der Wiederentdeckung der Natur und des Körpers, steigender Reiselust und wachsender Individualität aber kam die Kuridee **erneut in Mode.** Auch **Markgraf Karl Friedrich** (1728–1811), der nicht mehr der katholischen Linie, die zuvor geherrscht hatte, angehörte, fand am Kuren wieder Gefallen, weshalb er und seine Nachfolger in den Sommermonaten wieder in Baden-Baden weilten.

Zeugnis großer Badekultur: die Anfang des 20. Jh. in der Lichtentaler Allee **5** *angelegte Gönneranlage*

Wirtschaftlich aber fielen die durchschnittlich rund 1000 Badegäste, die Ende des 18. Jahrhunderts in Baden-Baden jährlich Station machten, kaum ins Gewicht. 1775 wurde deshalb die erste staatliche „Badkommission" ins Leben gerufen. Ihre Aufgabe sah sie darin, für das **Vergnügen** und die **Unterhaltung** der Gäste zu sorgen. So wurde 1819 ein erstes Dampfbad errichtet, später das Kurhaus und die Trinkhalle. Den öffentlichen Investitionen folgten private. Neue **Luxushotels** entstanden – und die neue **Eisenbahn** brachte ständig neue Gäste. Es waren der europäische Adel und die bürgerliche Oberschicht, die in Baden-Baden ihre Bühne fanden und aus dem kleinen Heilbad schließlich die **Sommerhauptstadt Europas** machten.

Französische Adelsfamilien, genervt von den Folgen der Revolution, schlugen gern dauerhaft ihre Zelte entlang der Oos auf und nach der Heirat der badischen Prinzessin Luise mit dem späteren Zaren Alexander I. kamen auch die **Russen**, die Baden-

Baden für einen Vorort von Paris hielten. Mit Kutschen rasten sie über die Lichtentaler Allee, kauften Villen und gaben viel Geld aus: ein Lebensstil, der faszinierte. Auch manche Kurtisane – wie man die Damen nannte, die sich ihre Liebhaber nach dem Portemonnaie aussuchten – machte damals von sich reden. Cora Pearl hieß eine der populärsten, die 1864 mit 15 Reit- und Wagenpferden sowie 6 verschiedenen Equipagen, Kutschen und riesigem Gepäck anreiste.

Eine eigene **Badezeitung** vermeldete schließlich, wer wo kurte. Größere Schlagzeilen machten vor allem **Prominente** wie die deutsche Kaiserin Augusta, die gern in Baden-Baden war und auf die wohltuende und heilende Wirkung des Thermalwassers schwörte. Zu den berühmten Kurgästen von einst zählten auch Viktoria (1819–1901), Königin von England und Kaiserin von Indien, oder Elisabeth (1837–1898), Kaiserin von Österreich und Königin von Ungarn, besser bekannt als Sisi. Auch Literaten wie Johann Peter Hebel, Clemens von Brentano, Theodor Storm, Fjodor Dostojewski oder Ludwig Tieck, Komponisten wie Felix Mendelssohn Bartholdy, Franz Liszt, Richard Wagner, Carl Maria von Weber, Albert Lortzing oder Johannes Brahms, dazu Freidenker wie Friedrich Nietzsche schätzten das gesellschaftliche Leben in der Stadt. 1872 hatte Baden-Baden viermal so viele Kurgäste wie alle anderen baden-württembergischen Kurorte zusammen. „Die Leute, die nach Baden-Baden kommen", schrieb der russische Schriftsteller Nikolai Gogol (1809–1852), „sind nicht krank. Sie sitzen unter den Bäumen und amüsieren sich".

Im letzten Viertel des 19. Jahrhunderts aber kamen auch die wirklich Kranken: anfangs vor allem Beamte und hohe Militärs, später auch einfachere Leute. Jetzt kam man nicht mehr zum Vergnügen, sondern zur **Heilung.** Schon früh morgens suchte der Kurgast die Trinkhalle auf, trank das warme Wasser, wandelte in der Säulenhalle hin und her und lauschte dem schon früh aufspielenden Kurorchester. „Im Allgemeinen trinkt man den Brunnen nüchtern morgens zwischen 7 und 8 Uhr, nicht mehr als 2 bis 3 Becher zu je 250gr. Nach jedem Becher möge man 10 bis 15 Minuten sich ergehen", hieß es in einem Reiseführer aus dem Jahr 1904.

082bb-gs

› *Dem Nackedei auf dem 1910 aufgestellten Buberlbrunnen (s. S. 38) hängten die Bürger anfangs noch Textilien um*

Mit der **Weimarer Republik** und dem Ausbau der **sozialen Sicherungssysteme**, die kostenlose Kuren brachten, kamen neue Kurgäste, sodass man schon 1927 vor einer „Proletarisierung des Badewesens" warnte. Die **Nationalsozialisten** schließlich nutzten die Kur für ideologisch geprägte Auszeiten: für eine staatlich verordnete Sommerfrische, die Organisationen wie „Kraft durch Freude" oder die „Nationalsozialistische Volkswohlfahrt" gestalteten. Schließlich brachte man in Baden-Baden die **Kriegsverletzten** unter.

Nach dem Zweiten Weltkrieg gab es anfangs nur Privatkuren. Den Sozialkassen fehlte noch das Geld für Kuraufenthalte. Erst 1957 fand die Kur wieder als Regelleistung im Katalog der Sozialversicherungsträger Platz. Doch nicht mal eine Generation später trat der Sozialstaat auf die Bremse, Badekuren wurden drastisch eingeschränkt. Baden-Baden, wo damals fast jede zweite Kur die Kasse bezahlte, traf das hart.

Mit der neuen Caracalla Therme und der Renovierung des Friedrichsbads setzte man schließlich neue Akzente. Vor allem auch **ausländische Gäste** hatte man dabei im Blick, für deren Großteil Baden-Baden noch immer Deutschlands Wellnessoase ist. Spezialangebote zur Stärkung des Immunsystems oder Therapien gegen Burn Out wurden einer Generation von Patienten auf den Leib geschneidert, die das Geld für eine privat finanzierte Auszeit haben.

Eine Handvoll Badeärzte und mehr als einhundert weitere **Ärzte** in zum Teil hochqualifizierten Fachkliniken kümmern sich heute um das Wohl der Kurgäste. Das Leiden lindernde Wasser liefern wie zu Zeiten der Römer ein Dutzend natriumchloridhaltiger **Quellen**, die das 56 bis 68,8 °C heiße Wasser an die Oberfläche bringen. Es ist das mineralienreichste Wasser in ganz Baden-Württemberg und soll den ganzen Körper stimulieren, den Blutkreislauf anregen, das Atmen erleichtern und das Nervensystem beleben. Kein Wunder, dass manche in Baden-Badens Thermen einen Jungbrunnen sehen.

Inzwischen bemüht sich Baden-Baden gemeinsam mit Bad Ems, Bad Kissingen und weiteren europäischen Kurstädten unter dem Titel „Great Spas of Europe" (Bedeutendste Kurstädte Europas) um die Aufnahme ins **Weltkulturerbe.** Das Gütesiegel soll künftig Kurstädte auszeichnen, die vom späten 18. bis ins frühe 20. Jahrhundert internationale Bedeutung hatten. Es wäre der Ritterschlag für die badische Kurstadt und ihre historischen Kuranlagen!

› Jeden ersten Samstag im Monat gibt es eine **Stadtführung**, die Besuchern das historische Erbe der großen Kurepoche näher bringt (www.baden-baden.com/fuehrungen/oeffentliche-fuehrungen).

PRAKTISCHE REISETIPPS

055bb-gs

An- und Rückreise

Baden-Baden ist per Schiene und Straße **aus allen Richtungen gut zu erreichen.** Innerhalb der Stadt und auch in die weitere Umgebung verkehren **öffentliche Verkehrsmittel.** Wer allerdings auch die wirklich sehenswerte **Umgebung** – vom Schwarzwald bis in das Elsass – erkunden will, kann ein eigenes Fahrzeug gut gebrauchen. Da das **Stadtzentrum für den Autoverkehr zum Teil gesperrt** ist, sollte man sich vorher informieren, welche Route zum gewünschten Ziel führt. Dadurch bleiben einem unnötige Suchfahrten weitgehend erspart.

Mit dem Auto

Die Anreise erfolgt in der Regel über die **Rheintal-Autobahn**, die aus Norden und Süden vor die Tore der Stadt führt (Abfahrt Nr. 51 auf der Autobahn A5). Von dort kommt man über die **Bundesstraße 500** ins Zentrum. Wie dort stehen auf vielen Einfallstraßen in die Stadt automatische **Blitzanlagen**, deshalb gilt bei der Fahrt in die Stadt, aber auch in der Stadt immer: Fuß vom Gas und auf die Geschwindigkeitsbegrenzungen achten – oft nur Tempo 30! Wertvolle Hilfe für alle Autofahrer ist das **Mobilitätsportal** des Landes Baden-Württemberg (www.svz-bw.de), das Straßensperrungen, Staus und Verkehrsbehinderungen auf den wichtigsten Autobahnen und Zubringern nach Baden-Baden anzeigt.

◁ Vorseite: Die Zeit macht nur vor dem Teufel halt – ein von der Natur eroberter Zeitmesser in der Innenstadt

Eine andere Anreisemöglichkeit sind **Mitfahrgelegenheiten**, also die Anreise als Mitfahrer bei anderen Reisenden. Diese Variante senkt Kosten, schont die Umwelt und ist eine gute Gelegenheit, neue Menschen kennenzulernen. Waren Mitfahrgelegenheiten früher meist Sache junger Leute, nutzen heute auch Senioren die Reisemöglichkeiten, die das Internet erschlossen hat. So vermitteln Internetportale manchmal den genau passenden Fahrer samt Route. Manche verlangen eine Vermittlungsgebühr, andere nicht.

› www.blablacar.de
› www.bessermitfahren.de
› www.mitfahren.de
› www.fahrgemeinschaft.de
› www.drive2day.de

Mit dem Zug

Eine bequeme und bei langfristiger Vorausbuchung oft auch preisgünstige Anreisealternative zum Auto ist die Bahn, die zum Teil auch schneller ist. Züge aus München brauchen im besten Fall gut fünf Stunden, aus Berlin sechs und aus Leipzig knapp fünf. Von Zürich ist man in rund drei Stunden in Baden-Baden, neun Stunden dauert die Fahrt aus Wien. Die **Schwarzwaldbahn** von Baden-Baden an den Bodensee macht tagsüber fast stündlich Halt. Vom Bahnhof gibt es eine direkte **Schnellbusverbindung** ins Zentrum zum Augustaplatz (11).

•95 [ae] **Bahnhof Baden-Baden**

Über die besten Verbindungen und Fahrpreise informieren die Websites der Bahngesellschaften.

› www.bahn.de
› www.sbb.ch
› www.oebb.at

Mit dem Bus

Für Reisende mit viel Zeit kommt auch der Fernbus zur An- und Abreise in Frage. Allerdings ist der nächstgelegene Zielort Karlsruhe, der Rest der Strecke muss per Bahn und Stadtbus zurückgelegt werden. Bei der Suche nach passenden Verbindungen helfen:

› www.busliniensuche.de
› www.flixbus.de

Mit dem Flugzeug

Baden-Baden verfügt über einen kleinen **Flughafen**, den es sich mit Karlsruhe teilt. Er befindet sich rund 15 Kilometer westlich des Stadtzentrums bei Söllingen (Gemeinde Rheinmünster) und ist als **Baden-Airport** bekannt, offiziell heißt er **Baden-Airpark.** Er spielt derzeit aber nur für Charterflüge in nicht deutschsprachige Regionen eine Rolle. Relevant für Flugreisende sind so nur die **internationalen Flughäfen** in Frankfurt oder Basel-Mühlhausen. Die Weiterreise von dort ist kein Problem: Vom Fernbahnhof Frankfurt verkehren regelmäßig ICE-Züge nach Baden-Baden, vom Euro-Airport Basel-Mühlhausen bringen Busse und Bahn den Reisenden ebenfalls sicher weiter. Knapp zwei Stunden ist man von Basel oder Frankfurt nach Baden-Baden unterwegs.

› www.euroairport.com
› www.frankfurt-airport.de

Autofahren

Größere **Teile der Innenstadt** sind **für Pkw gesperrt.** Dazu kommen zahlreiche **Einbahnstraßen.** Für **Elektroautos** gibt es zahlreiche Ladestationen (www.stadtwerke-baden-baden.de/de/mobilitaet-freizeit/e-mobilitaet/

⊡ *Elektro-Tankstelle neben den Kurhaus-Kolonnaden (s. S. 21)*

057bb-gs

EXTRAINFO

Allgemeiner Pannennotruf
- **ACE:** Tel. 0711 530343536
- **ADAC:** Tel. 089 20204000
- **AvD:** Tel. 0800 9909909

ladesaeulen.php). Autofahrer sollten außerdem wissen, dass auf vielen Straßen Tempo 30 gilt und ihnen auf **Einbahnstraßen** in Baden-Baden Linienbusse entgegenkommen können. Sie haben eine Ausnahmegenehmigung, um die Straße in beiden Richtungen nutzen zu können.

Parken

Mehr als in anderen Städten gilt für Baden-Badens Innenstadt: Ja nicht lange einen freien Parkplatz entlang der Straßen suchen, sondern gleich eines der **Parkhäuser** ansteuern, wo es fast immer noch freie Plätze gibt. Dort ist es vor allem für Langzeitparker meist auch preiswerter, zumal die Höchstparkdauer entlang vieler Innenstadtstraßen auf eine Stunde oder gar nur dreißig Minuten beschränkt ist. Vor allem nachts bieten sie preiswerten Parkraum, der gewöhnlich auch günstiger als die Hotelgarage ist. So beträgt der **Nachttarif** in der Tiefgarage beim Festspielhaus 3 € (19–5 Uhr), in der Kongresshaus-Garage unter dem Augustaplatz 4 € (19–7 Uhr). In allen Parkhäusern und -garagen sowie an den Parkautomaten entlang der Straßen ist die Bezahlung mit Geldkarten möglich.

P96 [C2] **Festspielhausgarage,** Lange Str. 77a. 530 Stellplätze mit günstigem Nachttarif

P97 [D4] **Kongresshausgarage,** Augustaplatz 3. Zentrales Parkhaus für Innenstadt-Besucher, 409 Stellplätze

P98 [D4] **Kurparkgarage,** Kaiserallee 1. Großzügig gestaltetes Parkhaus mit insgesamt 528 Stellplätzen, darunter 42 für Frauen und 9 für Behinderte

P99 [E3] **Vincentigarage,** Vincentistr. 4. Ideal für Gäste im Thermenviertel, 381 Stellplätze auf sieben Ebenen

- Übersicht über **weitere Parkmöglichkeiten:** www.stadtwerke-baden-baden.de/de/mobilitaet-freizeit/parken

Barrierefreies Reisen

Baden-Baden ist eine **weitgehend behindertenfreundliche Stadt.** Die modernen **Musentempel** wie das Museum Frieder Burda oder das Festspielhaus sind komplett barrierefrei. Am **Bahnhof** gibt es einen Service, der nach Voranmeldung (Tel. 0180 6512512, www.bahn.de/handicap) Behinderten beim Ein- und Ausstieg hilft. Auf den Websites der Stadt (www.baden-baden.de) findet sich ein **Wegweiser**, den man als PDF-Datei herunterladen kann. Er informiert unter anderem über Behindertenparkplätze, barrierefreie Hotels und öffentliche Toiletten.

- **Flyer Baden-Baden für ALLE:** www.baden-baden.de/mam/files/beratung/behinderung/behinderten wegweiser_2018_web6.pdf

Diplomatische Vertretungen

- **Österreichische Botschaft Berlin,** Stauffenbergstr. 1, 10785 Berlin, Tel. 030 202870, www.bmeia.gv.at/botschaft/berlin.html
- **Schweizerische Botschaft,** Otto-von-Bismark-Allee 4a, 10557 Berlin, Tel. 030 3904000, www.eda.admin.ch/berlin

Baden-Baden preiswert

*Geld lässt sich mit der **Baden-Badener Gästekarte** sparen. Sie wird kostenlos in Hotels ausgegeben und bietet Preisermäßigungen beim Besuch des Stadtmuseums, der öffentlichen Bäder, der Caracalla Therme, einem Stadtrundgang und einer geführten Wanderung, reduzierte Preise beim Eintritt und den Führungen im Casino und dem Festspielhaus sowie Rabatte auf Theaterveranstaltungen, Volkshochschulvorträge, Konzerte und Besuche auf der Rennbahn in Iffezheim. Die Baden-Badener Gästekarte bietet darüber hinaus auch Vergünstigungen in weiteren 165 Ferienorten des Schwarzwalds.*

*Kombitickets machen **Museumsbesuche** günstiger. So gibt es für den Besuch des Museums Frieder Burda und der Staatlichen Kunsthalle ein Kombiticket für 18 €. Für kulturell interessierte Vielreisende lohnt sich unter Umständen auch der **Museums-Pass-Musées** (www.museumspass.com), der kostenlosen Zutritt in viele hundert Museen erlaubt, einige davon auch in Baden-Baden.*

*Auch für die **Fahrt auf den Merkur** 27 gibt es ein Kombiticket, das die Busfahrt von und zur Talstation der Bergbahn beinhaltet.*

***Bars** wie die Tapasbar Bonito (s. S. 90) bieten eine Happy Hour mit kräftigen Preisnachlässen. Manche Restaurants – etwa Der Kleine Prinz (s. S. 86), das Rizzi (s. S. 87), das Badische Café & Restaurant M10 (s. S. 88) oder das Restaurant im Hotel Magnetberg (s. S. 128) – bieten ein spezielles **Mittagsmenü,** das oft preiswerter ist als die üblichen Gerichte.*

Geldfragen

Baden-Baden ist wegen der vielen ausländischen und oft wohlhabenden Gäste **kein Billigziel.** Alles in allem sollte man bei einer Übernachtung in der Innenstadt, Museums-, Thermen- und Theaterbesuchen oder Ausflügen in die Umgebung mit 130 bis 160 € pro Person täglich auskommen.

Hunde

In der Stadt herrscht weitgehend **Leinenpflicht,** auch im Kurpark und in anderen Grünanlagen, ebenso in den Schlossparks des Schlosses Favorite 28 und des Residenzschlosses Rastatt 31. Die Klosterwiese an der Lichtentaler Allee 5 ist allerdings eigens als Hundewiese ausgewiesen – ein idealer Spielplatz für Hund und Halter. In jedem zweiten **Hotel** Baden-Badens – auch in den besten wie dem Belle Epoque (s. S. 129) – sind Vierbeiner willkommen. Besonders hundefreundlich sind:

- **Maison Messmer** (s. S. 131)
- **Leonardo Royal Hotel Baden-Baden** (s. S. 128)

Im Falle des Falles steht ein **tierärztlicher Notfalldienst** rund um die Uhr zur Verfügung.

- **100** [B2] **Kleintierklinik Dr. Jung & Dr. Parrisius,** Hochstr. 16, Tel. 07221 35570, www.kleintierklinik-bad.de

Informationsquellen

Infostellen in der Stadt

Die Baden-Badener Tourist-Informationen finden sich in den Kurhaus-Kolonnaden und in einem auf Betonstelzen über dem Flüsschen Oos stehenden Pavillon in der Schwarzwaldstraße, wo es unter anderem auch Veranstaltungstickets gibt.

101 [D4] **Tourist-Information in den Kurhaus-Kolonnaden,** Kaiserallee 1, Tel. 07221 275200, www.baden-baden.com/tourist-information, Mo.–Fr. 10–18, Sa., So. 10–17 Uhr

102 [be] **Tourist-Information an der B500,** Schwarzwaldstr. 52, Tel. und Website s. o., Mo.–Fr. 8.30–12.30 Uhr

Baden-Baden im Internet

- **www.baden-baden.com:** offizielle Website der Stadt, auch mit touristisch relevanten Informationen
- **www.baden-baden-aktuell.com:** Onlineausgabe des offiziellen monatlichen Veranstaltungskalenders der Stadt
- **www.badisches-tagblatt.de:** Onlineausgabe des Badischen Tagblatts, der lokalen Tageszeitung
- **www.bad-bad.de:** Onlinestadtführer mit Hintergrundinformationen

Publikationen und Medien

In Baden-Baden gibt es zwei Tageszeitungen: das **Badische Tagblatt** und eine Lokalausgabe der in Karlsruhe verlegten **Badischen Neuesten Nachrichten.** Aktuelle Zeitungen und Zeitschriften kann man im Lesecafé der Stadtbibliothek einsehen. Das Badische Tagblatt gibt zudem kostenlose Wochenzeitungen heraus. **Baden-TV** ist ein regionaler Fernsehsender.

•103 [D3] **Stadtbibliothek Baden-Baden,** Luisenstr. 34, Tel. 07221 932260, www.baden-baden.de/stadtbibliothek. Di.–Fr. 10–18, Sa. 10–13 Uhr. Ausleihgebühr für Kurgäste mit Kurkarte 1,40 €.

Meine Literaturtipps

- *Bernhard Hampp, **Baden erlesen,** Gmeiner Verlag, Meßkirch 2019. Vor allem für Literaturfreunde und Bibliophile ist dieser Band mit prächtigen Bildern gedacht. So nimmt der Autor seine Leser unter anderem auf einen literarischen Streifzug durch Baden-Baden mit und erinnert an Schriftsteller wie Turgenjew und Dostojewski, Bergengruen und Flake, die hier eine Zeitlang zu Hause waren. Ein Kapitel ist der Historischen Bibliothek in Rastatt gewidmet, deren Schätze – u. a. von Lukas Cranach, Hans Holbein, Albrecht Dürer oder Matthäus Merian illustrierte Bücher – man auch besichtigen kann.*
- *Rita Hampp, **Baden-Badener Roulette – Der Badische Krimi,** Emons Verlag, Köln 2012. Ein Kommissar und eine Lokalreporterin sind die Helden eines spannenden Kriminalromans, dem die Stadt und ihre Spielbank als Kulisse dienen.*
- *Leonid Zypkin, **Ein Sommer in Baden-Baden,** Aufbau Verlag, Berlin 2020. Es war die US-Schriftstellerin Susan Sontag, die das 1977 in einer amerikanischen Emigrantenzeitschrift veröffentlichte Werk neu entdeckte und mit einem aktuellen Vorwort versah. Zypkin erzählt von Dostojewskis Casino-Besuchen, seiner Spielleidenschaft und Begegnungen mit anderen russischen Intellektuellen wie Turgenjew, die damals zeitweise in Baden-Baden lebten. Seitenlange Sätze machen das Buch zu einem literarischen Schwergewicht!*

Baden-Baden-Apps

- **Baden-Baden MOBIL** (kostenlos für Android und iOS): offizielle App der Stadt zur Stadterkundung
- **Baden Baden Virtual Tourist** (kostenlos für Android und iOS): Augmented bzw. Virtual-Reality-App zur 360-Grad-Erkundung der Stadt (www.baden-baden.com/vr-app)
- **Schwarzwald** (Android)/**Hochschwarzwald Touren** (Android und iOS): ausgesuchte Wander- und Radtouren (kostenlos)
- **Radroutenplaner BW:** vielseitiges Tool zum Planen von Radrouten im Alltag und schönen Touren in der Freizeit (kostenlos für iOS und Android)

Internet

Cafés, Bistros, Restaurants und fast alle größeren Hotels bieten inzwischen **WLAN**, meist kostenlos. Auf den wichtigsten Plätzen der Region gibt es zudem ein kostenloses, unverschlüsseltes WLAN-Netz, das man ohne Registrierung nutzen kann. Der Zugang erfolgt über BADEN-WLAN. Für das gesicherte Baden sWLAN ist eine Registrierung notwendig. Weitere Informationen zur Registrierung unter:

- www.baden-wlan.de

059bb-gs

Immer umfangreicher wird das kostenlose Netzwerk „BADEN-WLAN", ein Angebot der Stadt

LGBT+

Eine öffentliche LGBT-Szene kennt Baden-Baden nicht. Selbst einschlägige Magazine nennen keine speziellen Adressen und verweisen in diesem Zusammenhang auf die Weltoffenheit der Stadt, die Schwule und Lesben in allen Hotels und Restaurants willkommen heißt.

Medizinische Versorgung

Medizinisch ist Baden-Baden bestens ausgestattet. In mehr als einem Dutzend Kliniken und Therapiezentren arbeiten einige Hundert Fachärzte, die eine optimale Versorgung garantieren. Im Ernstfall stehen unter anderem am Augustaplatz ⓫ und Leopoldsplatz ⓬ Notfallsäulen mit Defibrillatoren zur Verfügung.

- 104 [be] **Klinikum Mittelbaden Baden-Baden – Balg,** Balger Straße 50, Tel. 07221 910, www.klinikum-mittelbaden.de
- 105 [D3] **Alte Hofapotheke,** Lange Straße 2, Tel. 07221 24925, www.altehofapotheke.de, Mo.–Fr. 8.30–18.30, Sa. 8.30–16 Uhr

060bb-gs

Die Alte Hofapotheke befindet sich mitten in der Fußgängerzone

106 [E3] **Dr. Rössler's Hof-Apotheke,** Sophientraße 7, Tel. 07221 30350, www.apotheke-badenbaden.de, Mo.-Fr. 8.30-19, Sa. 8.30-15 Uhr

› **Kassenärztlicher Bereitschaftsdienst:** Tel. 116117

› **Apotheken-Notdienst:** Tel. 0800 0022833 oder www.aponet.de

Mit Kindern unterwegs

Auch Kinder werden sich in Baden-Baden nicht langweilen. Spiele, Bücher und CDs für die Jüngsten hält die **Stadtbibliothek** (s. S. 120) bereit und auch die Museen stellen sich mehr und mehr auf ihre künftigen Kunden ein. Ganz für sie ist eine für Kinder konzipierte, erlebnisreiche Dauerausstellung im Festspielhaus namens **Toccarion**, eine Art Musikspielplatz.

Wer es abenteuerlicher mag: Auch auf den Schwarzwaldhöhen wird einiges geboten. So im Freizeit- und Sportzentrum **Mehliskopf** (s. S. 76), rund 15 Kilometer von Baden-Baden entfernt, wo eine Ganzjahres-Bobbahn, Downhill-Carts, ein Abenteuerklettergarten, ein Trampolin und vieles mehr locken – im Winter zusätzlich Ski- und Snowboardpisten.

Noch auf Baden-Badener Stadtgebiet befinden sich zwei auch für Kinder spannende Rundwanderwege: der **Luchs- und der Wildnispfad** 36. Bei **Gernsbach** hat man einen rund 5 Kilometer langen **Sagenweg** ausgeschildert, der Wanderern die schönsten Sagen aus dem Murgtal näher bringt. Die passenden Geschichten finden sich zum PDF-Download unter https://sagenweg.de/wp-content/uploads/2016/04/flyer_sagenweg.pdf. Der Weg beginnt bei der auch mit öffentlichen Verkehrsmitteln zu erreichenden sogenannten Klingelkapelle (ca. ein Kilometer von Gernsbach Richtung Obertsrot.

Nur wenige Gehminuten vom Parkplatz Hundseck an der Schwarzwaldhochstraße (B 500) entfernt, führt ein **Rätselpfad** – beschildert mit einem Auerhahn – durch den Wald, auf dem Kinder an 16 Stationen durch die Beantwortung verschiedenster Fragen rund um den Lebensraum Wald zum „Waldmeister" werden können. Die **Walderlebnisstation Hundseck** bietet zudem einen Pirschpfad und einen Barfußpfad.

Miniaturwelt Baden-Baden heißt eine Schau, bei der die Jüngsten die Modelleisenbahnen selbst durch eine Landschaft steuern können.

Für ältere Kinder und ihre technikaffinen Eltern könnte auch ein Besuch im **Unimog-Museum** in Gaggenau interessant sein. Dort wird nicht nur die Geschichte eines deutschen Erfolgsautomobils erzählt, man kann auch in einem Unimog über Stock und Stein fahren, steil bergauf und schräg bergab – ein Spaß auf vier Rädern für die ganze Familie!

Wer jetzt immer noch nach Ideen sucht, Meike Heerkerens hat in ihrem Büchlein **„Walderlebnisse mit Kindern – Rund um den Nationalpark Schwarzwald“** (erschienen im seitenweise Verlag, Bühl) 36 Ausflugstipps für Eltern und Kinder zusammengefasst.

107 [C1] **Miniaturwelt Baden-Baden,** Hermannstr. 9, Tel. 07721 9711532, www.miniaturwelt-baden-baden.de, Do.–So. 13.30–18 Uhr, 4,50 € (Kinder 3 €)

108 [C2] **Toccarion,** Beim Alten Bahnhof 2, Tel. 07221 3013185, www.toccarion.de. Die interaktive Ausstellung bringt Kindern zwischen 5 und 12 Jahren die Welt der Töne und Klänge näher. Ein einzigartiger Musikspielplatz, der allerdings nur im Rahmen organisierter Veranstaltungen, zu denen man sich anmelden muss, zugänglich ist.

109 **Unimog-Museum,** An der B 462, Ausfahrt „Schloss Rotenfels Gaggenau“, Tel. 07225 981310, www.unimog-museum.com, Di.–So. 10–17 Uhr, 5,50 €

Notfälle

Kartenverlust

Bei **Verlust der Debit-/Giro-, Kredit-** oder **SIM-Karte** gibt es für Kartensperrungen eine **deutsche Zentralnummer** (unbedingt vor der Reise klären, ob die eigene Bank bzw. der jeweilige Mobilfunkanbieter diesem Notrufsystem angeschlossen ist). **Aber Achtung:** Mit der telefonischen Sperrung sind die Bezahlkarten zwar für die Bezahlung/Geldabhebung mit der PIN gesperrt, nicht jedoch für das **Lastschriftverfahren mit Unterschrift.** Man sollte daher auf jeden Fall den Verlust zusätzlich **bei der Polizei zur Anzeige bringen**, um gegebenenfalls auftretende Ansprüche zurückweisen zu können.

In **Österreich** und der **Schweiz** gibt es keine zentrale Sperrnummer, daher sollten sich Besitzer von in diesen Ländern ausgestellten Debit- oder Kreditkarten vor der Abreise bei ihrem Kreditinstitut über den zuständigen Sperrnotruf informieren.

Generell sollte man sich immer die **wichtigsten Daten** wie Kartennummer und Ausstellungsdatum **separat notieren**, da diese unter Umständen abgefragt werden.

- **Deutscher Sperrnotruf:** Tel. +49 116116 oder Tel. +49 3040504050
- **Weitere Infos:** www.kartensicherheit.de, www.sperr-notruf.de

EXTRAINFO

Notrufnummern

- **Polizei und Notruf:** Tel. 110
- **Feuerwehr und Rettungsdienst:** Tel. 112
- **Telefonseelsorge:** Tel. 0800 1110111
- **Giftnotruf:** Tel. 0761 19240 (Uni Freiburg)
- **Fundbüro der Stadt Baden-Baden:** Tel. 07221 931808

Post

110 [D3] **Hauptpost,** Lange Str. 44, Tel. 07221 22508, Mo.–Fr. 9–19, Sa. 9–14 Uhr

061bb-gs

Radfahren

Auch in Baden-Baden prägen Radfahrer immer mehr das Stadtbild. Allerdings sollte man wissen, dass nur die **an der Oos gelegenen Stadtteile** ein Fahrradparadies sind, ansonsten fordert das bergige Umland die Radlerwaden. Für **Mountainbiker** stehen im Stadtwald rund 300 Kilometer an Wegen zur Verfügung. Ausgewiesene Mountainbikestrecken, allesamt als schwer eingestuft, führen auf den Leisberg, zur Yburg und in den Stadtwald. Weniger anstrengend sind zahlreiche ausgewiesene **Radwanderwege.** Für die Nutzer von **Elektrorädern** gibt es Ladesäulen.

Leihfahrräder haben nicht nur einige Hotels im Angebot, sondern auch Vermieter. Öffentliche Mietfahrräder bietet **Call a Bike,** ein Gemeinschaftsunternehmen von Bahn und Stadtwerken. Die Stationen finden sich am Bahnhof Baden-Baden (s. S. 116), am Wohnmobilparkplatz in der Hubertusstraße (s. S. 131), am Busparkplatz in der Eisenbahnstraße, an der Einfahrt zur Kurhaus-Parkgarage (s. S. 118), am Klosterplatz in Lichtental und neben dem Kiosk am Augustaplatz ⓫. Auch Besucher Baden-Badens können Call a Bike nutzen, indem sie sich unter www.callabike.de registrieren und danach mit der App (kostenlos für Android und iOS) oder unter Tel. 069 42727722 ein Fahrrad ausleihen. Der Mietpreis beträgt maximal 9 €/Tag. Leihräder gibt es auch bei:

- **111** [B1] **Rent a Sportsman,** Eisenbahnstr. 1a, Tel. 07221 3730006, www.rent-a-sportsman.de. Fahrradverleih und Tourenanbieter. Im Angebot sind Mountainbikes, City- und Trekkingräder ebenso wie Kinderräder (ab 10 € täglich).

Sport und Erholung

Ballonfahren

Frühmorgendliche Ballonflüge über die Stadt und den Schwarzwald offeriert eine der größten Ballonflotten Europas. Mit 295 € pro Person ist dies allerdings kein günstiges Vergnügen!

- **112 Ballooning 2000,** Dr.-Rudolf-Eberle-Str. 5, Tel. 07223 60002, www.ballooning2000.de

Die Call-A-Bike-Station am Augustaplatz ⓫

Gleitschirmfliegen

Gleich neben der Bergstation der MerkurBergbahn (s. S. 54) starten die Gleitschirmflieger Richtung Tal. Im Angebot sind auch 10- bis 20-minütige Tandemflüge (ab 99 €, gefordert sind festes Schuhwerk und bequeme Kleidung).

› **Gleitschirmfliegen Fly4you**, Tel. 0177 5833246, www.fly4you.cloud, Tandemflüge

Golf

Am Stadtrand befindet sich einer der schönsten Golfplätze im deutschen Südwesten, wo der drittälteste deutsche Golfklub auch Gäste willkommen heißt. Schläger und Trolley kann man leihen.

S113 [bg] **Golfclub Baden-Baden**, Fremersbergstr. 127, Tel. 07221 23579, www.golf-club-baden-baden.de, Greenfee: 60–80 €

Klettern

Der Deutsche Alpenverein betreibt eine große Kletterhalle mit Routen aller Schwierigkeitsgrade. Auch im Felsmassiv des Battert gibt es zahlreiche Kletterrouten.

S114 [ae] **Deutscher Alpenverein**, Flugstr. 17, Tel. 07221 968513, www.alpenverein-baden-baden.de, Öffnungszeiten: Juni–Aug. Mo.–Fr. 16–20, Sa., So. 14–20 Uhr, Sept.–Mai Mo.–Fr. 14–22, Sa., So. 10–22 Uhr

Nordic Walking

Für Nordic Walker gibt es ausgeschilderte Wege zwischen vier und zwölf Kilometern Länge von der Caracalla Therme 17 in der Innenstadt aus. Kartenmaterial mit Höhenmetern für das Rebland findet man unter www.baden-baden.de/stadtportrait/stadt/stadtportrait/rebland/wanderwege. Hin und wieder gibt es auch geführte Touren. Rent a Sportsman (s. S. 124) bietet geführte Nordic-Walking-Touren.

Schwimmen

S115 [D5] **Bertholdbad**, Ludwig-Wilhelm-Str. 24, Tel. 07221 277580. Badezentrum mit Hallenbad und einem von Mitte Mai bis Mitte September geöffneten Freibad (bei gutem Wetter tgl. 7.30–20 Uhr).

62bb-gs

Das Gleitschirmfliegen – wie hier am Merkur 27 – findet immer mehr Freunde

S116 [ah] **Freibad Steinbach,** Yburgstr. 113, Tel. 07221 277587, geöffnet: tgl. 9–20 Uhr. Von Mitte Mai bis Mitte September geöffnetes, solarbeheiztes Freibad im Rebland.

S117 [cf] **Hardbergbad,** Hardbergstr. 30, Tel. 07221 277590. Solarbeheiztes Freibad, geöffnet von Mitte Mai bis Mitte September, bei guter Wetterlage täglich 10–20 Uhr. Es gibt einen speziellen Kinderschwimmbereich mit Wasserrutschbahn und großer Spielfläche.

S118 **Strandbad Sandweier,** Kühlsee, Tel. 07221 394911, geöffnet: Mitte Mai–Mitte Sept. tgl. 10–20 Uhr. Badesee in ausgedienter Kiesgrube, große Wiesen.

Wanderliteratur

- *Dieter Buck,* ***Erlebniswanderungen Nationalpark Schwarzwald,*** *Verlag J. Berg, München 2020. „31 Touren in der ursprünglichen Natur" verheißt der Untertitel des kleinen Führers. Unterwegs ist man auf gut markierten Wegen im Nationalpark. Mit eineinhalb bis dreieinhalb Gehstunden pro Tour ist das Buch der ideale Ratgeber für alle Urlauber, die nach abwechslungsreichen Wanderungen suchen.*
- *Annette und Lars Freudenthal,* ***Vergessene Pfade Schwarzwald,*** *Bruckmann Verlag, München 2019. Zehn, zum Teil auch anstrengende, Touren im Nordschwarzwald finden sich in dem reich bebilderten Band. „Touren abseits des Trubels", wie die Autoren versprechen.*
- *Annette und Lars Freudenthal,* ***Einfach glücklich wandern – Nördlicher Schwarzwald,*** *Bruckmann Verlag, München 2020. Ganz auf den Nordschwarzwald konzentriert sich dieses kleine Büchlein, das eine Reihe interessanter Touren rund um Baden-Baden präsentiert – etwa den Weg auf den Fremersberg, die Wanderung durchs Tal der Oos oder zum Geroldsauer Wasserfall, den man im Juni aufsuchen sollte, wenn die Rhododendren blühen.*

063bb-gs

Wanderer kommen rund um Baden-Baden voll auf ihre Kosten

› **Aktuelle Informationen unter:** www.stadtwerke-baden-baden.de/de/mobilitaet-freizeit/schwimmbaeder

Tennis

S119 [D6] **Tennisclub Rot-Weiß Baden-Baden,** Lichtentaler Allee 5, Tel. 07221 24141, www.tc-rw-baden-baden.de. Gäste können täglich zwischen 7 und 17 Uhr einen Platz buchen. Mietpreis pro Stunde 25 €.

Wintersport

Der **Schwarzwald** bietet im Winter Gelegenheit zu Langlauf und Alpinski, Rodeln und Schneeschuhwandern. Eine der längsten Skiabfahrten im Nordschwarzwald findet sich auf dem **Mehliskopf** an der Schwarzwaldhochstraße, wo bei entsprechenden Temperaturen auch Schneekanonen zum Einsatz kommen. Die Piste ist dann täglich von 9 bis 22 Uhr geöffnet, ab Einbruch der Dunkelheit bei Flutlicht.

Vom Scherrhof, einem Ausflugslokal oberhalb der Ortsgemeinde Lichtental, führt eine drei Kilometer lange **Rodelstrecke** talwärts und auch vom Merkur, Baden-Badens Hausberg, kann man mit dem Schlitten hinabfahren.

Zwischen Bühlertal und der Schwarzwaldhochstraße liegt die Freiluft-Kunsteisbahn „Am Wiedenfelsen", die Schlittschuhläufer und Eisstockschützen lädt. Außerdem gibt es dort die angeblich europaweit einzige **Eis-Kartbahn,** auf der man mit bis zu 50 km/h schnellen und mit Spikes ausgestatteten Elektrokarts über die vereiste Piste rast.

S120 Kunsteisbahn Am Wiedenfelsen, Steinbruchweg 2, Bühl-Sand, Tel. 07223 8014011, www.kunsteisbahn-wiedenfelsen.de, Bus 263 ab Hbf. Brühl

Sicherheit

Baden-Baden gehört zu den sichersten Städten Baden-Württembergs. Allerdings gilt auch hier, nicht mit großen Bargeldbeträgen oder teurem Schmuck mögliche Täter zu Straftaten zu animieren.

121 [bf] **Polizeirevier Baden-Baden,** Gutenbergstr. 15, Tel. 07221 6800

Stadttouren

Zahlreiche Stadtführer sorgen dafür, dass Baden-Baden dem Gast auch persönlich nahegebracht wird. Jeden Sonntag um 11 Uhr lädt die **Tourist-Information** zu einem neunzigminütigen Stadtrundgang (8 €), der Kurkarteninhaber nur die Hälfte kostet. Treffpunkt ist die Tourist-Information in den Kurhaus-Kolonnaden (s. S. 120).

Titel spezieller Führungen sind unter anderem „Geister, Grafen und Gerüchte" oder das „Geflüster auf dem Roten Teppich", bei dem man den Spuren prominenter Gäste in Baden-Baden folgt. Jeden Donnerstag um 13.30 Uhr wird eine Wanderung in die Umgebung angeboten. Seit Kurzem gibt es auch eine kulinarische Stadtführung, auf der man die Bäderstadt erschmecken soll. Unterwegs werden in ausgesuchten Restaurants badische und elsässische Spezialitäten oder auch Sushi gereicht. Die Touren finden immer freitags und mittwochs um 14.30 Uhr statt und kosten 59 €.

› www.baden-baden.com/fuehrungen/oeffentliche-fuehrungen

Fußfaulen bringt die City-Bahn die Stadt näher: ein Bähnchen, das meist im Stundentakt startet, voll verglast bei Regen, offen bei Sonnenschein und an kühlen Tagen beheizt. Haltestellen sind unter anderem das Kurhaus, die Merkur-Talstation und die Caracalla Therme.

› **City-Bahn Baden-Baden,** Tel. 07221 991998, https://citybahn.wixsite.com/citybahn, 7,50 €, Familienkarte 20 €

Aus ganz neuem Blickwinkel lässt sich die Stadt auf einer gemütlichen **Kutschfahrt** entdecken. Die 15-, 30- oder 60-minütigen Touren starten täglich vor dem Theater 4

› **Kutschfahrten Baden-Baden,** Tel. 0171 2093680, www.kutschfahrten-baden-baden.de, ab 45 €

Unterkunft

In Baden-Baden stehen **Betten in allen Preisklassen** zur Verfügung, aber auch außerhalb der Stadt locken eine Reihe empfehlenswerter, meist privat geführter und zum Teil traditionsreicher Hotelbetriebe. Die Baden-Baden Kur & Touristik GmbH führt ein stets aktualisiertes Hotelverzeichnis. Dort kann man auch Zimmer buchen:

› www.baden-baden.de/tourist-information/hotels-unterkuenfte

Gut und günstig

122 [df] **Hotel Merkurwald** €, Staufenweg 1, Tel. 07221 24140, www.merkurwald.de. **Landhaushotel am Stadtrand:** Familienbetrieb mit eigenem Restaurant. Doppelzimmer ab 57 €, Hunde willkommen. Außerdem gibt es Mountainbikes zu leihen.

123 **Ibis Styles Hotel Rastatt Baden-Baden** €, Am Schlossplatz 1, 76437 Rastatt, Tel. 07222 9347100, https://all.accor.com/hotel/9842/index.de.shtml. **Super Preis-Leistungs-Verhältnis:** Sparfüchse, die nicht den größten Wert auf Zentrumsnähe legen, schätzen das neue Ibis Styles Hotel im Herzen Rastatts, von wo Baden-Baden in zehn S-Bahn-Minuten zu erreichen ist. Bar und Restaurant im Haus.

Für die ganze Familie

124 [E3] **Aqua Aurelia Suitenhotel** €€-€€€, Vincentistraße 1, Tel. 07221 18330, www.aquaaurelia.de. **Direktzugang zur Saunalandschaft:** Mitten in der Stadt liegen die großzügigen Suiten. Über die Hotelgarage führt der Weg wettergeschützt in die Caracalla-Therme. Eigenes Restaurant, Kinder unter zwölf Jahren frühstücken kostenlos.

› **Gästehaus Geroldsauer Mühle** €€, Geroldsauer Mühle (s. S. 93), Tel. 07221 9964680, wwww.geroldsauermuehle.de. **Suiten mit Sauna:** vier Doppelzimmer und zwei große Suiten mit eigener Sauna und Terrasse im Stadtteil Geroldsau.

125 [E6] **Leonardo Royal Hotel Baden-Baden** €€, Falkenstraße 2, Tel.07221 2190, www.leonardo-hotels.de. **Hundewiese um die Ecke:** ruhig gelegenes, hundefreundliches Viersternehaus mit 121 Zimmern mit Balkon oder Terrasse. Drei Minuten weiter an der Lichtentaler Allee liegt die offizielle Hundewiese der Stadt – hier ist Platz zum Spielen und Toben mit anderen Vierbeinern.

Besonders gut gelegen

126 [F3] **Hotel Magnetberg** €€, Scheibenstr. 18, Tel. 07221 3640, www.hotel-magnetberg.de. **500 Meter bis zur Stadtmitte:** Wie im Schloss wohnt man in dem 3-Sterne-Superior-Hotel inmitten

Wohnen wie im Schloss – das Hotel Magnetberg

einer großen Parkanlage. 44 Doppel-, 30 Einzelzimmer und zwei Suiten stehen zur Verfügung. Die Hotelterrasse bietet einen einmaligen Blick auf die Altstadt und in der hoteleigenen Kapelle kann man gar den Bund fürs Leben schließen ...

127 [E3] **Hotel Quellenhof Sophia** €, Sophienstraße 27–29, Tel. 07221 9229100, www.quellenhof-sophia.de. **Zwischen Einkaufsstraßen und Bäderviertel:** großes Haus, das mit seinen 53 Zimmern und einem asiatischen Restaurant vor allem bei russischen Gästen geschätzt ist.

EXTRATIPP

Kurtaxe

Übernachtungsgäste, die nicht dienstlich in Baden-Baden weilen, zahlen eine **Kurtaxe,** die zum Hotelpreis hinzukommt. Sie beträgt 1,70 bis 3,80 € pro Person und Übernachtung – je nach Lage des Hotels. Im Gegenzug erhalten die Gäste eine **Gästekarte,** mit der viele vergünstigte Leistungen und Rabatte in Anspruch genommen werden können (s. S. 119).

Wohlfühlen und genießen

128 [E5] **Belle Epoque** €€€, Maria-Victoria-Str. 2c, Tel. 07221 300660, www.Hotel-belle-epoque.de. **Traditionsreiches Baden-Baden:** Wer spüren will, welches Flair den Urlaub in der Kurstadt einst ausmachte, ist in dem sehenswerten Haus mit seinem großen Park richtig. Schmuckstücke aus der Belle Époque, Baden-Badens goldenem Zeitalter, möblieren die rund 20 Zimmer und Suiten, in denen allerdings niemand auf modernen Komfort wie Klimaanlage oder Whirlpool verzichten muss. Das privat geführte Haus gehört zur Gruppe der Small Luxury Hotels of the World.

065bb-gs

Preiskategorien

Die Preiskategorien gelten für eine Übernachtung für zwei Personen im Doppelzimmer ohne Frühstück.

€	bis 90 €
€€	90–140 €
€€€	ab 140 €

Ruhig und persönlich

129 [cg] **Gästehaus der Abtei Lichtenthal** €, Hauptstr. 40, Tel. 07221 4083320, www.abtei-lichtenthal.de. **Wohnen im Kloster:** ruhige und zum Teil einfache Zimmer im mittelalterlichen Kloster am Ende der Lichtentaler Allee, teils mit eigenem Bad. Gäste sind zur Feier der Eucharistie und des Stundengebets, zur täglichen Mitarbeit in Haus und Garten und zu persönlichen Gesprächen mit Schwestern herzlich eingeladen – eine ganz besondere Unterkunft.

130 [ah] **Hotel Rebenhof** €€, Weinstraße 58, Tel. 07223 96310, www.hotel-rebenhof.de. **Wohnen zwischen Reben:** gemütliche Zimmer im familiengeführten Hotel im Stadtteil Neuweier mitten im Rebland. Restaurant mit gepflegter badischer Traditionsküche im Haus, kleiner Wellnessbereich mit Sauna und Dampfbad.

Ausgefallene Konzepte

131 [E5] **Der Kleine Prinz** €€€, Lichtentaler Str. 36, Tel. 07221 346600, www.derkleineprinz.de. **In Erinnerung an Antoine de Saint-Exupéry:** An der Hauswand der alten Stadtvilla prangt ein großes Gemälde des Helden der weltberühmten Erzählung des französischen Schriftstellers und auch in den Zimmern erinnern kleine Deko-Elemente an eine der populärsten Märchenfiguren der Nachkriegszeit. Keines der großzügig mit Safe, Schreibtisch, Minibar und Flachbildfernseher ausgestatteten Zimmer gleicht dem anderen.

Wer das Flair der alten Kurzeiten hautnah erleben will, ist im Belle Epoque (s. S. 129) richtig

064bb-gs

132 [D4] **Maison Messmer** €€€, Werderstraße 1, Tel.07221 30120, www.hommage-hotels.com/maison-messmer. **Luxus neben dem Kurhaus:** neu gestyltes Fünfsternehotel mit romantischer Saunalandschaft, Spa und 60 m² großem Hallenbad. Zum entspannenden Wohlfühlambiente tragen auch Restaurants, eine Kaminbar und eine Raucherlounge bei.

Zeltplätze und Wohnmobil-Stellplätze

133 Campingplatz Adam, Campingstr. 1, Bühl-Oberbruch, Tel. 07223 23194, www.campingplatz-adam.de. Schön gelegener Campingplatz an großem Badesee (Stellplätze ab 22 €).

134 [be] **Wohnmobilstellplatz Baden-Baden,** Hubertusstr. 2, www.stadtwerke-baden-baden.de/de/mobilitaet-freizeit/parken/wohnmobilparkplatz.php. 28 Stellplätze mit beleuchteter Stromanschlusssäule in der Weststadt an der B 500. Maximale Parkdauer: vier Tage. Bushaltestelle in der Nähe (Stellplätze ab 12 €).

084bb-gs

Verkehrsmittel

Bus und Bahn

Den öffentlichen Nahverkehr in der Stadt besorgen die Verkehrsbetriebe Baden-Baden mit ihren **Bussen** auf 13 verschiedenen Strecken mit insgesamt knapp 200 Kilometern Länge. Wichtigste Linie ist die Buslinie 201, die tagsüber im 10-Minuten-Takt vom Hauptbahnhof im Stadtteil Oos durch Weststadt und Stadtmitte bis nach Lichtental oder Oberbeuern fährt.

Die Stadtteile Haueneberstein und Steinbach (Haltestelle „Baden-Baden-Rebland“) sind an die **Stadtbahn** zwischen Karlsruhe und Achern angeschlossen.

Auf vielen Buslinien endet der Betrieb gewöhnlich gegen 20 Uhr. Später verkehren auf diesen Linien **Anruftaxis**, die an den Bushaltestellen der jeweiligen Linien abfahren.

Eine **Einzelfahrt** kostet ab 2,10 € (Kinder 1,50 €), die **Tageskarte** 6,70 €. Bahncard-Inhaber erhalten ermäßigte Preise. **Tickets** gibt es am Kiosk am Augustaplatz 11 (Mo.–Do. 8.30–12.30 und 13–16.30, Fr. 8.30–14 Uhr), an den Automaten der Haltestellen, beim Busfahrer oder online unter https://kvv-shop.de. Printtickets sind personengebunden und von Rückgabe oder Umtausch ausgeschlossen.

› Fahrplanauskunft: Tel. 07221 277650, www.kvv.de

Das Foyer des Hotels Maison Messmer

Taxi

Taxistände finden sich in der Innenstadt unter anderem am Kurhaus, dem Kongresshaus und dem Hauptbahnhof. Wenn möglich 30 Minuten vor Abfahrt bestellen!

- **Taxi Baden-Baden 38111,** Tel. 07221 3811, taxi38111.de
- **Taxi minor,** Tel. 01578 4008930, www.taxi-minor.de
- **Rebland-Taxi,** Tel. 0172 7235050, www.rebland-taxi.de

Wetter und Reisezeit

Eigentlich ist Baden-Baden das ganze Jahr und **bei jedem Wetter ein lohnendes Reiseziel.** „Das Klima“, stand in „Meyers Konversations-Lexikon“ schon vor mehr als 100 Jahren, „ist sehr gleichmäßig, wenig feucht und mild, im Hochsommer etwas heiß“. Das ist bis heute fast so geblieben. Allerdings hat der Dezember dem Februar als zweitkältestem Monat im Jahr Platz gemacht. Am wärmsten ist es im Juli und August. Im Winter sinken die Temperaturen in der Stadt nur bei stabilen Hochdrucklagen länger unter die Nullgradgrenze.

Anders ist es auf den **Schwarzwaldhöhen,** wo hin und wieder Dauerfrost herrschen kann – sehr zur Freude der Wintersportler. Im Herbst und Winter kann **Nebel** im Rheintal die Reiselust trüben, dann aber zeigt sich auf den Höhen des Schwarzwalds häufig die Sonne. Ihre besonderen Reize haben **Spätsommer** und **Herbst**, die zum Wandern einladen und manchmal einmalig einen weiten Blick von den Schwarzwaldhöhen über die Rheinebene bis in die Vogesen erlauben.

Reisende kommen also in Baden-Baden fast das ganze Jahr über auf ihre Kosten. Allerdings muss man auch in der Kurstadt und ihrer Umgebung immer mit **Regen** rechnen – am häufigsten im Mai. **Schönste Reisezeiten** sind Frühjahr und Herbst, wenn die Stadt auch viel Kultur zu bieten hat. Im Winter findet man viel Ruhe, im Sommer lockt der kühlere Schwarzwald als tägliches Wanderziel.

Der „Goldene Mann“ thront auf dem Dach des Residenzschlosses in Rastatt 31

Durchschnitt	Wetter in Baden-Baden											
Maximale Temperatur	5°	9°	12°	16°	21°	24°	26°	26°	20°	16°	9°	7°
Minimale Temperatur	−2°	−2°	1°	5°	8°	12°	13°	13°	10°	6°	2°	−1°
Regentage	15	13	12	13	13	14	14	13	12	12	13	14
	Jan	Febr	März	Apr	Mai	Juni	Juli	Aug	Sept	Okt	Nov	Dez

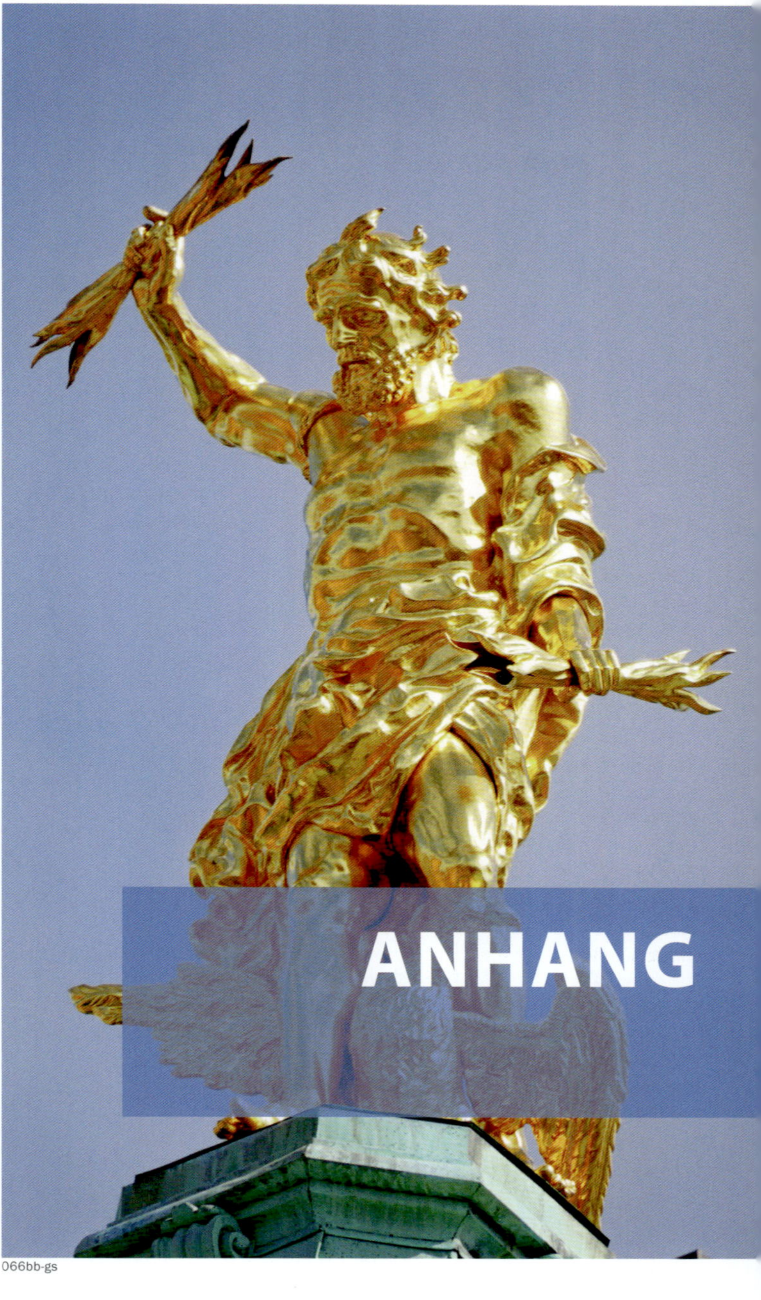

ANHANG

066bb-gs

Register

Der Autor

Günter Schenk würdigt mit diesem Buch eine seiner Lieblingsregionen. Bereits während seines Studiums war er als Reporter für die SWF-Sendung „Pop Shop" tätig – eine Arbeit, die ihn immer wieder nach Baden-Baden führte. Für die Recherche zu diesem Stadtführer nimmt der Autor die Stadt und ihre Umgebung immer wieder neu unter die Lupe. Er verrät, wo man wohnen, schlafen und essen kann und welche Sehenswürdigkeiten einen Besuch lohnen.

Als freier Reisejournalist arbeitet Günter Schenk für renommierte Tageszeitungen und Magazine sowie verschiedene Zeitschriften. Im Reise Know-How Verlag erschienen seine CityTrip-Bände „Liverpool", „Antwerpen", „Antwerpen, Brügge, Gent", „Brüssel", „Rotterdam", „Vilnius und Kaunas", „Heidelberg", „Mainz", „Koblenz", „Karlsruhe", „Metz und Nancy" und der Reiseführer „Rheinhessen, Rheingau".

Schreiben Sie uns

Dieses Buch ist gespickt mit Adressen, Preisen, Tipps und Daten. Unsere Autoren recherchieren unentwegt und erstellen alle zwei Jahre eine komplette Aktualisierung, aber auf die Mithilfe von Reisenden können sie nicht verzichten. Darum: Teilen Sie uns bitte mit, was sich geändert hat oder was Sie neu entdeckt haben. Gut verwertbare Informationen belohnt der Verlag mit einem Sprachführer Ihrer Wahl aus der Reihe „Kauderwelsch".

Kommentare übermitteln Sie am einfachsten, indem Sie die Web-App zum Buch aufrufen (siehe Umschlag hinten) und die Kommentarfunktion bei den einzelnen auf der Karte angezeigten Örtlichkeiten oder den Link zu generellen Kommentaren nutzen. Wenn sich Ihre Informationen auf eine konkrete Stelle im Buch beziehen, würde die Seitenangabe uns die Arbeit sehr erleichtern. Unsere Kontaktdaten entnehmen Sie bitte dem Impressum.

Impressum

Günter Schenk

CityTrip Baden-Baden

2., neu bearbeitete und aktualisierte Auflage 2021

ISBN 978-3-8317-3478-8

Druck und Bindung:
mediaprint solutions GmbH, Paderborn

Herausgeber: Klaus Werner
Layout: amundo media GmbH (Umschlag, Inhalt), Peter Rump (Umschlag)
Lektorat: amundo media GmbH
Karten: Ingenieurbüro B. Spachmüller, amundo media GmbH
Anzeigenvertrieb: KV Kommunalverlag GmbH & Co. KG, Alte Landstraße 23, 85521 Ottobrunn, Tel. 089 928096-0, info@kommunal-verlag.de
Kontakt: Osnabrücker Str. 79, 33649 Bielefeld, info@reise-know-how.de

Alle Angaben in diesem Buch sind gewissenhaft geprüft. Preise, Öffnungszeiten usw. können sich jedoch schnell ändern. Für eventuelle Fehler übernehmen Verlag wie Autor keine Haftung.

Bildnachweis

Umschlagvorderseite: stock.adobe.com©Sina Ettmer | Umschlagklappe rechts: Günter Schenk
Soweit ihre Namen nicht vollständig am Bild vermerkt sind, stehen die Kürzel an den Abbildungen für den folgenden Fotografen. Günter Schenk: gs | stock.adobe.com: as

Liste der Karteneinträge

102 [be] Tourist-Information an der B500 S. 120
103 [D3] Stadtbibliothek Baden-Baden S. 120
104 [be] Klinikum Mittelbaden Baden-Baden – Balg S. 121
105 [D3] Alte Hofapotheke S. 121
106 [E3] Dr. Rössler's Hof-Apotheke S. 122
107 [C1] Miniaturwelt Baden-Baden S. 123
108 [C2] Toccarion S. 123
110 [D3] Hauptpost S. 123
111 [B1] Rent a Sportsman S. 124
113 [bg] Golfclub Baden-Baden S. 125
114 [ae] Deutscher Alpenverein S. 125
115 [D5] Bertholdbad S. 125
116 [ah] Freibad Steinbach S. 126
117 [cf] Hardbergbad S. 126
119 [D6] Tennisclub Rot-Weiß Baden-Baden S. 127
121 [bf] Polizeirevier Baden-Baden S. 127
122 [df] Hotel Merkurwald S. 128
124 [E3] Aqua Aurelia Suitenhotel S. 128
125 [E6] Leonardo Royal Hotel Baden-Baden S. 128
126 [F3] Hotel Magnetberg S. 128
127 [E3] Hotel Quellenhof Sophia S. 129
128 [E5] Belle Epoque S. 129
129 [cg] Gästehaus der Abtei Lichtenthal S. 130
130 [ah] Hotel Rebenhof S. 130
131 [E5] Der Kleine Prinz S. 130
132 [D4] Maison Messmer S. 131
134 [be] Wohnmobilstellplatz Baden-Baden S. 131

Hier nicht aufgeführte Nummern liegen außerhalb der abgebildeten Karten. Ihre Lage kann aber wie die von allen Ortsmarken im Buch mithilfe der Web-App angezeigt werden (s. S. 143).

Zeichenerklärung

- Hauptsehenswürdigkeit, fortlaufend nummeriert
- [D3] Verweis auf Planquadrat

- Arzt, Apotheke, Krankenhaus
- Bar
- Bibliothek
- Biergarten, Kneipe
- Brunnen
- Café, Eiscafé
- Camping, Womo-Stellplatz
- Denkmal
- Friedhof
- Galerie
- Geschäft, Kaufhaus, Markt
- Hotel, Unterkunft
- Imbiss
- Informationsstelle
- Kirche
- Museum
- Musikszene, Disco
- Parkplatz/-haus
- Polizei
- Post
- Restaurant
- Schwimmbad
- Sonstiges
- Sport-/Spieleinrichtung
- Synagoge
- Theater
- Weinberg
- Weinstube

- Stadtspaziergang (s. S. 14)

- Shoppingareale
- Gastro- und Nightlife-Areale

Baden-Baden mit PC, Smartphone & Co.

QR-Code auf dem Umschlag scannen oder **www.reise-know-how.de/citytrip/baden21** eingeben und die **kostenlose Web-App** aufrufen (Internetverbindung zur Nutzung nötig)!

★**Anzeige der Lage und Satellitenansicht aller** beschriebenen Sehenswürdigkeiten und touristisch wichtigen Orte

★**Routenführung** vom aktuellen Standort zum gewünschten Ziel

★**Exakter Verlauf** des empfohlenen Stadtspaziergangs

★**Updates** nach Redaktionsschluss

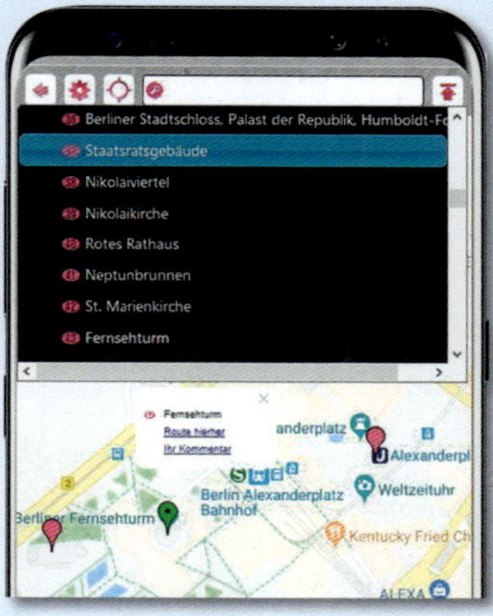

GPS-Daten zum Download

Die GPS-Daten aller Ortsmarken und des Spaziergangs können hier geladen werden: www.reise-know-how.de, dann das Buch aufrufen und zur Rubrik „Datenservice" scrollen.

Stadtplan für mobile Geräte

Um den Stadtplan auf Smartphones und Tablets nutzen zu können, empfehlen wir die App „Avenza Maps" der Firma Avenza™. Über die Funktion „Store" kann die „Citymap Baden-Baden 2021" kostenlos geladen werden.

Unsere App-Empfehlungen zu Baden-Baden

- **Baden-Baden-App** (kostenlos für Android und iOS): offizielle App der Stadt zur Stadterkundung
- **Baden Baden Virtual Tourist** (kostenlos für Android und iOS): Augmented bzw. Virtual-Reality-App zur 360-Grad-Erkundung der Stadt (www.baden-baden.com/vr-app)
- **Schwarzwald** (Android)/**Hochschwarzwald Touren** (Android und iOS): ausgesuchte Wander- und Radtouren (kostenlos)
- **Radroutenplaner BW:** vielseitiges Tool zum Planen von Radrouten im Alltag und schönen Touren in der Freizeit (kostenlos für iOS und Android)

Die Web-App und der Zugriff auf diese über QR-Codes sind eine freiwillige, kostenlose Zusatzleistung des Verlages. Der Verlag behält sich vor, die Bereitstellung des Angebotes und die Möglichkeit der Nutzung zeitlich und inhaltlich zu beschränken. Der Verlag übernimmt keine Garantie für das Funktionieren der Seiten und keine Haftung für Schäden, die aus dem Gebrauch der Seiten resultieren. Es besteht ferner kein Anspruch auf eine unbefristete Bereitstellung der Seiten.

Liniennetzplan Busnetz
Baden-Baden

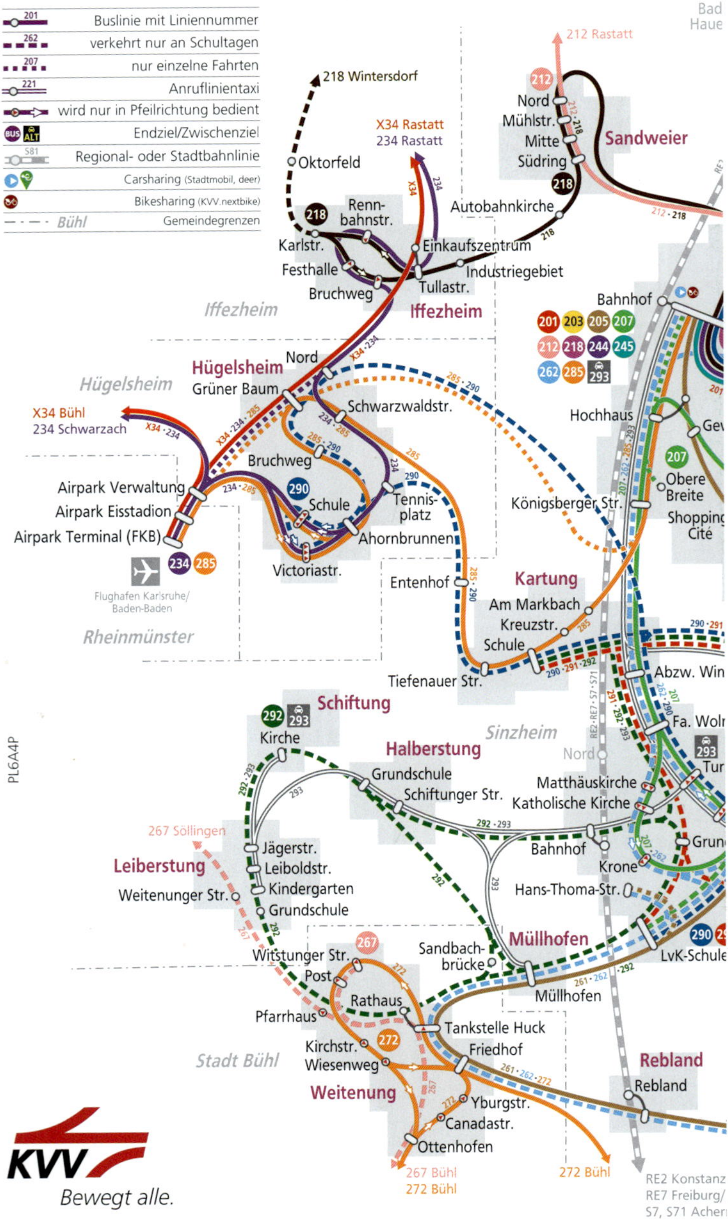

PL6A4P

KVV Bewegt alle.

Stand: 05.11.2020, Änderungen vorbehalten.